바람이 되는 이유
이성근 시집

시인의 말

 이 시집은 부산환경운동연합 그리고 그 전신이었던 공해추방시민운동협의회 시절 뜻을 같이했던 선/후배들이 만들어 준 것이다. 내 생에 설정되지 않은 특별한 이벤트다. 눈물 나게 고맙다.

 글에 대해 평해 준 박정에 시인과 나란 사람 꼴에 대해 이야기해준 구영기 형, 그리고 책이 만들어지기까지 수고를 아끼지 않았던 도서출판 전망에 감사드린다.

 무엇보다 이 시집이 나오기까지 작당했던
 후배 서토덕, 김은경, 박숙경, 최수영, 정미영 등에게
 가슴 가득한 신뢰와 고마움을 전한다. 이들이 있어 외롭지 않았다.
 그리고 평탄치 않았던 세월 나를 지켜준 아내와 아이들에게 사랑한다고 전한다.

2019년 10월
이성근

차례

시인의 말　　　　　　　　　　　　　005

제1부
언덕 위에서　　　　　　　　　　　015
산25번지　　　　　　　　　　　　016
봄 꿩　　　　　　　　　　　　　　018
벌거숭이 바람　　　　　　　　　　019
낙동대교에 서면　　　　　　　　　020
비둘기　　　　　　　　　　　　　021
냉전　　　　　　　　　　　　　　022
을숙도 85년 봄　　　　　　　　　023
친구의 詩　　　　　　　　　　　　024
남풍南風　　　　　　　　　　　　025
세뇌洗腦　　　　　　　　　　　　026
파지破紙　　　　　　　　　　　　027
청자를 피우며　　　　　　　　　　028
애국가를 부르며　　　　　　　　　029
미나리꽝에 서서　　　　　　　　　030
쑥꾹새 2　　　　　　　　　　　　031
유능한 사업가　　　　　　　　　　032
바람이 되는 이유　　　　　　　　　034
밤비에 타는 춤　　　　　　　　　　035
꽃 3　　　　　　　　　　　　　　036

밥	037
얼룩말	038
적敵	040
최후통첩	041
조언助言	042
촌놈	043
아수라	044
이민	045
설야雪夜	046
아버지의 잠	048
임수경에게	049
취재수첩 4	050
별에게	052
꽃 4	053
니 때문이다	054
밤길	055

제2부

반전을 위하여	059
수잔 브링크의 아리랑을 위하여 2	060
수잔 브링크의 아리랑을 위하여 3	062

제주도는 하와이가 아니다	066
금붕어	072
소원	073
믿었던 도끼	074
그 겹문 얼굴이	076
효암리 김만규	077
비애	078
희망	079
효암리 멍텅구리	080
이 좋은 세상에	082
머리맡	083
정애의 그림	084
겨울, 삼신봉	085
이름 없는 풀은 없다	086
중산리에서 2	087
산 너머	088
낙동대교에서 2	090
빗속에서	091
철	092
그날이 오면	093
본가에 와서	094

서 있는 예수 096
비오는 밤에 097
9시 뉴스 098

제3부

비 오는 밤 101
이사 102
모르면 외롭다 103
그 집에는 숟가락이 세 개다 104
오해, 환경운동가 106
위기진단 107
골프장 환경영향평가서 108
쿨럭쿨럭 110
지리산 112
마지막 벌초 113
을숙도 고니 114
보라보라섬 115
도시민 116
잘못 굴러가는 세상 117
이불을 덮으며 118
손톱 120

사막비개구리	122
눌차도	124
새 무덤	126
동천	127
두려움	128
정명희	129
연화리 읍파정揖波亭	130
승두말에서 1	131
승두말에서 2	132
제주 팽나무	133
저승기행을 예약하고	134
기적을 위하여	136
세모고랭이	138
궁극적으로	139
의령 출신	140
유월에	142
효암리	143
지운다	144
시근始根 없는 아버지	145
어머니 말씀인즉	146
퇴행에 대하여	147

쉬는 날	148
삼보일배	149
목련 대화	150
적의敵意	152
지가 덥어봤자	153
3월에	154
하늘선물	156
달려드는 모기 앞에	157
마천루의 삶	158
하느님 유감	160
공범	161
모르겠다, 이제는	162
영화 1987	164
별이 빛나는 밤	166
길에서	169
착각	170

•작품 평
꽃등 들고 강둑길 걷는 남자__**박정애**　　　174

•작가 평
저 우락부락 이가 시를 써?__**구영기**　　　188

제1부

언덕 위에서

　　　　　1
배고픈 오후를 피해
가난한 가슴 햇볕에 데우려
언덕 위 풀밭에 누워 하늘을 본다
욕망의 눈길은 구름처럼 흘러가는데
바람결 먼 벌치 사람들은 설마
요즘도 그런 사람 있을까 한다

　　　　　2
언덕 위 풀밭에 누워 하늘을 본다
너무도 맑다
우러나는 가슴속 그리움이
푸른 하늘처럼 티 없는데
기다리는 사람은 오지 않는다
그러한 내 가슴에 하늘색 살점이 하나, 둘
툭, 툭 떨어지고
감아버린 눈속에는 좀전에 보았던
태양이 여전히 타오르고 있었다

산25번지

소주 한잔 걸친 밤
전등 대신 촛불로 밝히고
낮에 보았던 태양을 이야기한다
너무 밝아 바로 볼 수 없음을 서러워
눈에 상한 풍경은 어둠 밖 던져버린다
버려진 아픔은 산 아래
도시로 굴러가고
그렇게 밤이면 쌓이는 슬픔은
밤이면 살아 움직이는 영혼처럼
불가에 모여들어 하루살이마냥 타다 간다
그것이 행복하기에

창밖 바람이 인다
누웠던 마음 바람따라 흔들리고
들고 선 연필의 그림자는 춤을 춘다
그러나 이내 지친다
담배를…
꽁초도 없다
그러한 사실은 눈 뜬 내일로 이어지는 것
저린 가슴 촛농같은 눈물이 흐르고

일어선 두 눈은 별을 헤아린다
내일도 해는 떠오르는 것
꺼지는 어둠따라 촛불이 아리어 온다

봄 꿩

산새도 목이 말라 우는 봄
산에 들에 꿩이 운다
꿩 꿩 꿩
목이 말라 목이 말라
새벽부터 온종일
이 봄날 꿩이 우는데
천지는 푸르르
완연한 봄빛인데
봄이 봄같지 않은 이 봄날
꽁* 꽁 꽁
못믿겠어 못믿겠어
산에 들에 내 가슴에
꿩은 저물도록 운다

*꽁: '거짓말'이라는 의미의 서부경남지역 방언.

벌거숭이 바람

이 저녁 바람이 분다
아 시원하다

내 모든 심신이
이렇게만 평화平和로울 수 있다면

모두모두 잠든 밤
길게길게 다리를 펴고 누운 내 영혼이
창窓을 열고 벌거숭이가 되어 날은다

그리고는
두런두런

문門밖 서너 명의 나신裸身들과 어울려
나는 내가 항시 바라는 곳의 여행을
바람이 되어 간다

가진 것이 없어도 좋다
이렇게만 바람이 분다면

낙동대교에 서면

쾌청한 날
낙동대교에 서면
말이 되고 싶다

보아라
수수만년 물길이 만든
저 편한 땅과 바다에 누운 하늘을

마냥 달려도 모자랄 듯
가슴을 온통 열어두어도
에누리가 없는 곳

쾌청한 날
낙동대교에 서면
나는 말이 된다

비둘기

1985년 7월 8일 오후 2시경
부산지방법원 제11호 법정
미문화원 투척사건 3차 공판 중
법원 지붕 위 졸다 떨어진 비둘기 한 마리
날씨 탓이었을까
씁쓸히 웃을 수밖에 없었던 비둘기 한 마리
7월 그 말짱한 하늘을 기억하는가
짭새들의 비웃음 속
네가 어처구니 없이 죽어갈 때
친구들은 시인 윤동주의 서시를 읊으며 말했다
'하늘을 우러러 한 점 부끄러움'이 없기를
아무도 우리를 재판할 수 없다며
오직 역사만이 우리를 심판한다고
그랬었다
워키토키와 무비카메라로
법정 출구를 겹겹 봉쇄하고 선
민중의 지팡이 아래 쓸쓸히 죽어간
그 땡볕 아래
한낱 웃음거리였던 비둘기 한 마리

냉전

저녁을 먹으며
아버지와 나는 KBS 9시 뉴스를 본다
'심각한 학원 문제 이대로 좋은가'
아나운서의 짧은 코멘트에 이어
오늘 시위전모가 보도되고
아버지와 나는 덩달아 흥분한다
화면은 투석과 최루탄으로 범벅된
데모현장으로 바뀌고
아버지와 나는 텔레비전 속 노려보고 섰다
이놈 새끼 너도 빨갱이지
아버지, 제발
(……)
진실은 끝내 조작과 편협으로 매도되고
나는 눈물을 삼키며 퇴장한다
다시 밥상을 사이에 둔 아버지와 아들
더 이상 말이 없다

을숙도 85년 봄

지난 겨울 파낸 흙더미에 앉아
말뚝 박는 소리를 듣는다
깡 깡 깡 끝없이 이어지는 소리
오늘 하루만도 강바닥에는
얼마나 많은 못들이 박혔을까
가봤자 헛걸음인 줄 알면서도
다시 찾은 강변 마을
언제나 반겨주던 뱃머리 갈대숲
그 너머 눈에 익은 철새 떼 다시 볼 길 없고
흙먼지 자욱한 을숙도 퇴사 위엔
보금자리 삶터 쫓겨난 가난한 사람들
잡초처럼 어지럽게 피었다

친구의 詩

거리는 타오르는 분노로 하여
걷잡을 수 없는 불길에 휩싸였다
그리곤 바람결에 실려오는 비릿한 예감
못 볼 것을 본 것일까
분수대 앞 바리케이트 속 일제사격
탕 탕 탕
눈을 감았었다
보이지 않는 비명이 고막을 찢고
선지빛 자욱한 거리에
동공 깊숙히 파고드는 뜨거운 불길
으-아
무기를, 무기를 다오 악에 받쳐 소리지르다
꿈이 깨인 오월 한낮
(……)
그는 더 이상 말하지 않았다

남풍 南風

편지요 하고 바람이 분다
한아름 시원한 자유의 미소였다
그것은 봄빛 가득
가시벽 철책 그 어떤 곳이어도 무난한 바람
바람은 내 잠든 귀를 깨우나니
기다림 기다림 속에 갈앉은 그리움 하나
어느새 꽃소식 남풍에 실려와선
누웠던 가슴 일으켜 온가슴 부풀게 하나니
불어라 바람
산에 산에 이 강산에 불붙은 진달래
깃발인 듯 바람에 출렁이는데
어둠 깊어 차마 못다한 꿈
그날의 선지빛 넋인 듯
한라에서 백두
쑥꾹새 피울음 타는 밤
아, 사오월 어디메쯤 가다가 돌아선
삶이여 죽음이여 바람이여
이 봄날 다시 한 번 일어설거나
다시 한 번 일어설거나

세뇌 洗腦

싫다 싫다 듣기 싫다 저 목소리
간단없이 안방벽을 뚫고서도
한 점 흐트러짐 없이 들려온다
텔레비전 주말 외화시간
안보고도 안다, 시그날 음악처럼
언제나 주인공이 되는 성우의 목소리
문득 엑스트라는 엑스트라일 뿐인가
길들여짐이란 무엇인가
민족도, 민주주의도, 통일도
반공, 멸공 좌경 앞에 무력해지는
군부독재 3대에 주눅든 귀들아
듣기 싫은 소리 어디
주말외화 주인공 성우 목소리뿐이랴
우리의 일상을 교묘히 짓누르고
한 번씩 확인 겸 은근슬쩍 위협하는
높은 곳 근엄한 말씀에 열심히 귀기울여
짜증낼지어다, 폭발할지어다
일제히 한 목소리로
이제는 제발, 그만

파지破紙

산빛이 푸를수록 주문은 늘고
자욱한 먼지 한낮의 형광등 아래 졸고 선
월 십만 원 나의 작업은 더디다
끊임없이 발등에 쌓이는 휴지조각은 한숨으로 쌓이고
무겁다 휴지 한 장이 너무 무겁다
온종일 선 채 물레질 절단을 하고 포장하기를
수천 수백 번 반복하지만
나의 작업은 의미가 없다
팔리지 않는 하루는 힘겹게 저물고
청소 시간 파지를 밟고 선 나의
표정은 납작하게 뭉개진 쓰레기
어디 가서 풀어 볼까나
퇴근길 천근같은 다리는 소주에 더욱 휘청이고
서러움인지 취흥인지 불러보는 유행가 몇 가락
아 대한민국 살기 좋은 나라
쑥꾹새 우는 산동네 어두운 골목길 돌고 돌아
쓰러질 듯 잠들면 이름도 없는 까마득한 절벽
스물다섯 나의 봄은 그렇게 지고 있었다

청자를 피우며

청자를 피우는 사람을 보면
고향사람처럼 반갑다
그들의 흙냄새, 땀냄새
서러운 의미가 정답게 느껴짐은
나도 청자를 피운다는 동류의식 때문일까
금박지에 새겨진 영어문구가
무엇을 뜻하는지 몰라도
우리들의 입은 고급화되길 원했고
자주자주 건강을 염려하지만
이제 청자가 아니면 속이 편치 못함은
결코 고급담배를 피울 수 없어서가 아니라
우리가 누려야 할 피와 땀의 수고로움을
이 땅의 쓰레기들이 놀고 마시며 살찌울 때
그냥 덮어두고 살기에는 너무도 억울한 세상
온전한 가슴 견딜 수가 없어
독한 담배 청자라도 줄이어 피우며
속 시원히 뱉고 싶기 때문이다
그래서 일자무식 힘없고 가난한 자의 설움이
청자 한 가치로 대신할 수 있다면
이 가을 하늘이 부끄럽지 않다면

애국가를 부르며

살았으면 누님같은 사람
어쩌면 전생의 아내였을지도 모를 그대
생면부지인 너를 위해 술을 따르고 노래를
부른다, 애국가를 부른다, 하지만
왜 이리 눈물이 흐르는 것일까
동해물과 백두산이 마르고 닳도록
끝내는 목이 메어 더는 부르지 못하는 노래
이 나라 어디서고 하나같은 애국가
애국가는 어느 지방이 더 간절하게 부를까
전라도에서 애국가를 부르면
그날의 기억에 목이 메어 타는 눈
경상도 사람인 내가
무등을 바라보며 백두산을 노래할 때
하느님이 보우하사 우리나라 만세는
그 어디에도 없었다

미나리꽝에 서서

우리들의 겨울은 무기력하다
수온주가 내려가듯
겨우 발끝에 꼼지락이는
햇살을 붙잡고 동동거리다
서둘러 서둘러
이 계절이 떠남을 바랬을 뿐
바람이 몰려와 아우성인 저 빈들
언 땅을 딛고 일어서는
미나리의 노래가 있음을 몰랐다
가자
우리 바람처럼 날려져
맨발로 미나리꽝에 서면
거기 얼음장을 조롱하듯
유유히 뚫고 서는 미나리 떼의 저항이 있고
초록빛 이파리가 손가락질하는 음모가 있다
우 우
그래 이 겨울
시린 칼끝에 덤덤할 수 있음은
미쳐 몰랐던 미나리, 미나리 같은
우리네 질긴 몸짓 때문이었다

쑥꾹새 2

산다는 것은
내 어린 날의 허기진 어둠이다
그 유년의 어둠 건구지산 중턱 쯤
배곯아 죽어 새가 된 사람
쑥쑤꾹 쑥쑤꾹 울고 있었지
모진 세월 끼니가 없어 쑥국만 먹다
그것도 없어 굶어 죽은 사람의 혼이라며
산다는 것은
죄가 된다고 입버릇처럼 말하던
그때 그 시절의 노인들
이제 모두 새가 되어 울음 타는 밤
그저 좋은 세상 오시구려
반딱이는 불빛 아들 자식 바라보듯
보리고개 쉬어 넘던 앞산 뒤산
쑥쑤꾹 쑥쑤꾹 울고들 있었다

유능한 사업가

그는 얼마전 텔레비전에도 나왔어
일종의 사업가라고도 할 수 있어
자수성가한 그는 직원 조례 때
이 회사는 여러분의 수고로 유지되고 있는 점
언제나 감사합니다로 시작하지
그리곤 항상 덧붙이는 말
요즘처럼 어려운 세상
타 회사와의 경쟁에서 이길려면
사원 여러분의 애사심을 더욱 필요로 합니다
항상 그런 식이었어
순진한 직원들은 쥐꼬리 월급에도 불만 하나 없이
사장의 말이라면 그저 순종할 따름이었어
언제인가 창고장 송씨와
사장의 회사경영에 대해 이야기하다
그에게 뺨을 맞았어
나중에 알고보니 사장의 처남이라더군
하긴 사장은 훌륭한 사람이야
사회적으로 환영받지 못하는
벙어리나 귀머거리 언챙이들에게 선뜻 일자리를 제공하니
그리고 가끔 작업현장에 들러

그들의 어깨를 다독거려주며 격려도 하지
그래 아주 지능적인 사장이야
타의 모범이 될 만한 유능한 사업가야

바람이 되는 이유

흐린 날 바다에 서면
늘상 바다를 헤메이던 그것들
일제히 달려와 바람이 되는 이유
알 것 같다

아, 억눌린 날의 생애여
체념처럼 아문 상처 되살아나
다시 이글거리는 저 분노
떨쳐 일어서 나아가는
해방의 함성이여

흐린 날 바다에 서면
저 바다 아우성치는 말발굽소리
흰갈기 천만 갈래 나부끼며
끊임없이 몰려오는 파도의 몸짓
바람이 되는 이유
내 비로소 알 것 같다

밤비에 타는 춤

차마 눈발로 날리지 못해
겨울비가 내리는 밤이면
옷을 벗고 비를 맞자
팍팍한 가슴의 하찮은 떨림쯤
오랜 가뭄의 어두운 들에서처럼
바람떼 홀로 소리쳐 울부짖는
푸른 솔, 비에 씻기우듯
천둥소리 번갯불
그 섬찍한 의미에 멍들자
그래서 이 땅에 뿌리박은
우리들 뼈의 마디마디 깊은 속살
살아 숨쉬는 소리 다시 듣는다면
그때 삭정이처럼
불속에 뛰어들어 춤을 추자
춤사위 뜨거워서 빨갛토록
태우고 태워 불사르자
하나의 남김도 없이
밤비에 타는 춤을 추자

꽃 3

꼴베러 가던 새벽 산길
메꽃이나 달개비, 참꽃같은
하마 잊었던 이름
라일락을 수수꽃다리라 하고
코스모스를 살살이꽃이라 부르던
내 유년의 물수제비 뜨던 유곡천 언저리
물무늬 번져오던 나즉한 속삭임
그새 잊었는가
오늘 낯선 꽃물결 술 마시듯
쉽사리 취해버린 박꽃같은 사람아
이제는 메니큐어 립스틱 요란한
서양도깨비 분칠일랑 지우고
봉숭아 곱게 물든 팔월 저물녘
소 몰고 귀가하는 들길에 서서
패랭이나 쑥부쟁이 마타리 더불어
우리 다시 마주 서 볼 일이다

밥

보인다
먹지 못할 밥이 사방에 보인다
하지만 하나도 버려선 안될
그런 나의 얼굴은 온통 흐리다
정작 채워야 할 그릇은
녹이 슬어 빈 가슴만 울리는데
오늘 나의 주식은
이 땅의 피눈물 얼룩진 사연
차마 목이 메어 삼키지 못하는
그리하여 일상을 역류하는 핏줄기엔
두드러기가 솟았다
간지러워 긁으면 긁을수록
더욱 붉게 피는 화산처럼
분노의 밥은 산이 된다
하늘이 된다

얼룩말

너는 달리고 있다
17인치 컬러텔레비전 속
아프리카 사바나 광활한 초원을
마구 달리고 있다
하지만 오 분도 못되어 숨이 가쁜 너
습관이 된 것일까
한시도 마음 편히 누울 수 없는
그러기에 평생을 선 채
목이 아프도록 사방을 경계하지만
너를 노리는 건 사자
그 뒤를 따르는 하이에나의 무리
아, 슬픈 것
바람에 흔들리는 풀잎만 보아도
떨리는 몸 주체치 못하고
우왕자왕 이리 몰리고 저리 쫓기다
급기야 비참히 뜯기고야 마는
너는 지금도 달리고 있다
그렇게 도망만 다니면 무엇하나
또 목덜미를 물려 비통히 눈물 떨구는 모습
네가 달리는 필사의 오 분간

나는 궁지에 몰린 쥐새끼
그 최후 발악을 화면 가득 클로즈업 시켜 본다

적敵

슬프다
나는 울고 싶다
매월 15일 민방공 등화관제 때면
삽시에 변한 어둠 속
공습경보에 찢기 우는 고막아
적은 누구인가
싸이렌 소리 어둠처럼 깔릴 때면
우리는 습관처럼 캄캄해지지만
이 어둠이 실제 상황이라면
슬프다
나는 울고 싶다
끝내 너를 적이라고 규정해야만 하는
오늘 이 땅의 비통한 현실
아, 이 암흑 그 너머
바라고 바라던 통일의 그날
공습해제처럼
일제히 눈 뜨며 다가올 수 있다면

최후통첩

아버지, 집을 나가든지
노선을 바꾸든지 결정하라고 한다
이제는 못 참겠다고
더는 못 봐주겠다며
최후통첩이다
그런데 나는 바꿀 노선이 없다

어머니 울었다
팔을 잡고 흔들며
이놈아 이놈아 하시며
어머니가 우는데
내가 바꿀 노선이란
사람답게 살고
하늘 당당히 보는 일이다

조언助言

쫓겨났다 감히 사장의 비위를 건드리고
오만불손 말끝마다 따지고
급기야 사장실 문을 박살내자
선배들이 말했다 사회생활을 할려면
아니꼽고 더럽고 욱하더라도
참아야 한다고 해서 뻣뻣하기보다 부드럽게
직선적이기보다 다소 우회적으로
모난 돌이 아니라 두리뭉실하게 수용하는 마음으로
못하겠다가 아니라 최선을 다하겠다고
시키면 시키는 대로 묵묵히
그러다 보면 승진도 하고 길도 트인다고

촌놈

촌놈이라는 사실은 정말 다행한 일이다
청자만 고집하던 내가 모처럼 88을 사던 날
나는 가격을 잘 몰라 백 원을 더 주었다
담배가게 주인은 간첩이 아니냐고 물었고
친구들은 별 수 없는 촌놈이라고 놀렸다
며칠 뒤 나는 청자를 88에 까 넣고
사람들에게 권했다 그들은 보통 88처럼
재를 털었고 연기를 피웠다 그러나
나는 그 사실을 밝히지 않았다 정말
다행한 일이었다 촌놈이란 사실은

아수라

산골에서 자란 나는
어릴 적 가난을 모르고 살았다
바다도 몰랐고 짜장면도 몰랐던
다만 많이도 배가 허전했던 시절
너 나 할 것 없이 없으면 없는대로
우리 또래는 그렇게 자랐다
내가 정작 가난을 안 것은
돼지우리보다 못한 도시로 와서부터였다
돈이 없으면 아무 것도 할 수 없는
단 하루라도 살 수 없게 길들여진
그리하여 사기꾼, 도둑놈, 강도도 서슴찮는
이 빌어먹을 아수라에서였다

이민

기막힌 일이다
영어를 모르는 내가 내 땅에서 살 수 없어
한국어과가 있는 나라로 이민가
양키처녀를 아내로 맞이하는 꿈을 꾼다면
그렇다, 영어를 모르면 취직도 안되고
대학도 못가 사람축에도 못드는 오늘
국제화시대 외국어 습득은 필수에 교양
더욱이 만국공영어인 영어는 기본이라
어른 아이 할 것 없이 죽자사자 달려드는데
아, 나랏말은 산간벽지 까막눈이의 말
그래서 순수국산은 장돌뱅이
농사나 짓고 막노동 외판이나 하라는 나라
참으로 이상한 일이다
내가 내 땅에서 내 나라 말로 살지 못해
한국어과가 있는 나라로 이민가
양키처녀를 아내로 맞이하는 꿈을 꾼다면
기막힌 일이다

설야 雪夜

인적 없는 거리
떠난 사람 그리운 하늘에
도시 가득 눈이 내린다
석 달 노동의 빈 주머니
허기진 가슴에
온 세상 푸짐하게 눈이 내린다

분분한 몸짓
사냥개처럼 뒤쫓는 비[雨]에
자꾸만 지워지는 고운 때깔의 풍경
그리운 이의 함박웃음도
은백의 찬란한 꿈도 무너져
아픔으로 질척이는 길

더는 물러설 수 없는 시간
자정 넘어
진눈깨비로 변한 눈은
정처 없이 날린다
눈은 바람에 날리며
싸락싸락 얼굴을 때린다

구름은 흘러 어디로 가는가

문득 새 세상인 듯
눈밭에 써 보는 시 한 편
벌거숭이 은행나무 가지 끝
겨울눈이 불씨를 품었다
생각만으로도 즐거운 상상
아 저것들 일제히 눈 뜨는 날
더불어 행복하리라

어둠이 깊을수록
길은 하얗게 빛나고
남아 있는 불빛 몇 점
봄날처럼 번져온다

아버지의 잠

연옥*이 아버지 상여 나던 날
아버지 몹시 취해서 왔다
그리고 저녁도 마다하고
흙발인 채 코를 골기 시작했다
얼마나 깊이 잠들었을까
흔들어도 신음소리 뒤척이며
좀체 깨어나지 못하는 아버지

아버지는 자주 고향을 찾았다
철마다 길게는 보름 짧게는 사나흘
넥타이 없는 양복에 운동화를 신고서
병든 할아비 모시고 농사짓는 자식 찾아
거두어도 쭉쟁이뿐인 고향집
아버지는 패잔병처럼 찾았다
대처란 너른 세상 믿을 놈 없다며

*연옥: 설동근 교육감 조카.

임수경에게

수경양 평양서 울먹이던 날
빌딩이란 빌딩 온통 술집으로 카페로 여관으로 셋트화 된
네온사인 현란한 불야성의 광안리 밤바다
거기 가진 자의 자식과 외제승용차며 고급차가 시위라도 하듯
포진한 거리에 나는 서 있었다 이방인처럼
그리하여 끊임없이 몰려오는 파도를 보며
반외세 통일을 외치다
짭새에게 개맞듯이 얻어 터지고는 고개 꺾인 채
굴비묶음처럼 줄줄이 끌려가던 학생들을 떠올리며
나는 서 있었다 형언할 수 없는 이질감으로
모래를 씹은 듯 씁쓸함으로 또 다른 분단을 보며
수경양 평양서 울먹이던 날

취재수첩 4
―궁류행

벌써 6년이 흘렀다
고향은 얼마나 변했을까
6시 40분 발 궁류행 막차는
어릴 적 오고가던 황토길, 이제는
거짓말처럼 곱게 깔린 아스팔트를 따라
막실재 넘어 신촌 지나 송산을 거쳐
하얗게 눈물나는 고향땅
어두운 골짜기를 향하는데
지난날 단란했던 식구들의 저녁은
저 어둠 어디쯤 묻혀 있을까
생각하기도 싫은 그날의 악몽에
아예 잊고만 산 세월
아직도 고향집은 그대로 있을까
시계는 7시 10분
나를 실은 무정한 차는
이미 총성과 살육이 시작되었을
그날 피의 현장에 다가서고
어머니, 아버지 목메어 불러보는
식구들의 이름따라 반기는 이 없는
고향의 불빛

아 저 불빛은 얼마나 지켜줄까
서럽고 서러운 이 어둠의 땅
벌써 6년이 흘렀다

별에게

그대 생각
이리 뒤척 저리 뒤척
시계를 본다, 새벽 3시
이미 비는 멈춘지 오래
갑갑가슴 마당에 서니
흰구름 바람에 쓸리우는 하늘
왈칵 쏟아지는 눈물처럼
문득 스치는 별 하나
그대인 듯 목이 아프도록 본다
그러나 너무 멀어 아슴한 눈빛만
가슴에 번지는 그리운 사람
아 나도 하늘에 뜬
그대 매일의 별이고 싶다

꽃 4

내가 사랑하는 여자
참으로 이 땅에 흔해빠진 꽃
어쩌다 바람 불면 맥없이 꺾일 듯
너무 많아 잘 보이지 않는 키 작은
꽃으로 치면 패랭이나 제비꽃같은
그러기에 장미나 양귀비보다 더더욱
내가 사랑하는 여자
내 그 앞에서 속수무책 당하는
그러나 세상에 하나밖에 없는
내가 울면서 사랑하는 이 땅의 여자

니 때문이다

쉽사리 잠들지 못하는 밤이다
술까지 마셨는데도
니 때문이다

자다말고 뒤척이다 일어나
담배를 피운다 세 가치째다
니 때문이다

대책이 안 선다
어떻게 하란 말인가
아, 바람을 붙들어 두는 법은

밤길

허가된 적 없는 만남을 위해
친구들은 반란의 씨를 가지고 집으로 온다
한 번 모이면 저녁 먹고
밤참 먹고서도 좀체 끝나지 않는
그러나 늘 우리끼리만 나누는 이야기
그렇다 언제나 지속되는 어둠
고향의 밤길처럼 익숙한 불면시대의 삶
요령과 눈치, 잘 길들여진 순종만이
어둠 속에, 안 보이는 길 속에 보이고
막판에 가서 취해버린
우리들 서로의 눈빛 속에
붉게 달아오른 길이 보인다
아득한 절벽 타고 오르는
칡넝쿨 손처럼 보인다

제2부

반전을 위하여

예비군 훈련 정신교육시간
동구사회주의권 몰락과 유고 내전을 지껄이는 비디오야
너는 이어서 동족상잔의 어두운 과거를 들먹이며
재탕, 삼탕, 사탕 이미 약발도 떨어진
너들거리는 반공이데올로기를 강요하며
이 땅은 아직도 분단조국
당연히 총구는 북으로 북으로, 그리하여 사격시간
나는 아무 생각 없이 정조준 방아쇠를 당긴다
아무런 증오도 원한도 없이
메이드 인 유에스에이 엠완 소총으로
득의만면한 미소를 기대하며
표적지 정중앙을 향해 시선을 모은다

수잔 브링크의 아리랑을 위하여 2
―김은정

아메리카
내 갈갈이 찢어도 시원치 않을 땅으로
8살 은정이는 갔다
아무것도 모르는 은정이는 갔다
단지 고아라는 이유로
한국애들은 싸고 똑똑하다고 해서
너무도 쉽게 팔려갔다
잠시 길러준 세 번째 엄마가 가라고 해서
은정이 대신 브리에란 이름 달고
방학이라 외할머니댁 가듯
그 낯선 나라로 훌쩍 가버렸다
울면 안된다고 해서 울지도 않고
말 잘 들어라 해서 말 잘 듣는 은정이
영 가서는 말을 잃었다는 은정이
전에 살던 곳의 말은
새 식구들이 못 알아듣고
새 식구들이 하는 말은
은정이가 못 알아들어
그만 말을 잃어버린 은정이
요즘 은정이는 영어도 한국어도 아닌

괴상한 말을 한다
아무도 알아들을 수 없는
이상한 말을 한다

*은정양은 89년 입양 당시 8살이었다.

수잔 브링크의 아리랑을 위하여 3
―박희선*

동방복지회관 2층 아동병원
인큐베이터 속 버려진 숱한 핏덩이를 본다
이미 생모는 친권을 포기하고 돌아선지 오래
잠든 너희들은 엄마품에서 젖꼭지라도 빨고 있는지
연신 입맛을 다시며 새록새록 자는 모습이란
참으로 평화롭기 그지없지만
실은 세상의 슬픔 죄다 끌어모은 듯
침통하기 이루 말할 수 없는 곳

나는 잠시 지난 한 해 생겨난
일만 오천 명의 미혼모를 생각한다
대개가 빈농출신이거나 저소득 계층의 딸로서
직업은 저임금 생산직 노동자가 대부분이고
학력은 중졸 이하가 태반이라는데

이제 머잖아 너희는 팔려간다
엄마가 아닌 마마가 사는 나라로
정부의 은밀한 지원 아래
두당 삼십여 만원씩 먼저 팔려간 언니 오빠들처럼
더러는 장기은행의 장기제공자로

더러는 성 대상자로 메이드 인 코리아 상표를 달고
미국으로 구라파로 팔려들 간다

언제인가 미국행 비행기 안에서였다
한 떼의 너희들은 울었다고 하더라
기구한 운명을 알기나 하듯
하나가 울고 일제히 자지러지는 그때
마침 기내에는 외국선적 참치잡이 돈벌러 가는
우리 노무자들이 있어 아버지처럼 보듬고 달랬다는데
팔려가는 너희나 노무자들 신세가 다를 바 없어
그만 기내가 울음바다로 변했다는 얘길 생각하면

아, 미치겠다
이 땅에 흔해빠진 이런 얘기를 들을 때면
나는 미쳐서 돌아버리겠다
오늘도 텔레비전에는 너희들의 을음이 흐르고
그때처럼 내 고막은 사정없이 찢기우는데
보사당국의 어느 책임자는 당당히 말한다
이 땅에서 커봐야 사회문제밖에 안 될 골칫거리
너희를 위한 길은 예나 지금이나 수출뿐이라고

그래야 국익과 민간외교에 도움이 된다고
입양기관은 입양기관대로 조직의 생존과 확대를 위해
입양이 간편하고 수수료가 비싼 해외입양에 몰두한다며
지금도 더 많은 입양아를 확보하기 위해
치열한 경쟁을 벌인다는 관계자의 충격적인
고백을 들었을 때

미치겠다
참말로 나는 미쳐서 길길이 날뛰고 싶다
이 개새끼들아 개만도 못한 개새끼들아
가난때문에 고향을 버리고
가난때문에 순결을 팔고
가난때문에 자식조차 버려야 하는
미혼모를 생각하면
나는 미치겠다, 환장하겠다
팔짝팔짝 뛰고 발광을 하고 싶다
그리하여 칼이라도 있다면 총이라도 있다면
아니 그냥 물어 뜯어 잘근잘근 씹어
갈갈이 찢어버리겠다

시방도 복지회관 골목을 서성이며
울고 있을 어느 미혼모를 생각하면**

*박희선 양은 88년 입양 당시 한 살이었다.
**김남주 시인 「어느 항구의 여자를 생각하면」.

제주도는 하와이가 아니다

아직도 신혼의 단꿈에 젖어있을 친구
자네의 초청으로 집들이 갔던 날
술 끝에 자랑처럼 틀어준 비디오며 사진을 생각한다
신혼여행지 제주도에서의 4박 5일
화면이 바뀔 때 마다
자네는 설명까지 곁들여 가며
수줍어하는 신부와의 농밀했던 시간을 얘기했지만
나는 더불어 즐거울 수 없었다
아마도 정방폭포의 시원한 물줄기며
표선의 백사장과 민속촌
성산포의 일출봉과 함덕의 해수욕장은
사진찍기에는 더없이 좋은 배경이 되었겠지만
너희 부부 갖가지 폼잡으며
민망한 사진을 박은 제주의 관광명소가
생각조차 끔찍한 도륙의 현장이라면
그렇다 그곳은 낮에는 빨갱이, 밤에는 반동분자로
총소리만 들리면 푸른 군복만 보이면
밥상머리 앉았다가도 밭을 갈다가도
보리타작을 하다가도 신을 삼다가도

몸을 숨기기에 급급했던 제주 사람들
영문도 모른 채 폭도로 누명 쓰고
무참히 떼죽음 당한 살육의 현장
아니 시인 김명식의 표현처럼
이른바 미제의 이이제이以夷制夷고강도 전략에 의해
"대한민국을 위해서는 제주도 전토에
휘발유를 뿌리고 거기에 불을 놓아
30만 도민을 한꺼번에 태워 없애야 한다"
당시 미군정 경무부장 조병옥의 말처럼
세계에서 그 유례를 찾을 길 없는
잔인무도한 대학살의 현장이었다
이승만 매국도당과 미제에 의해
철저히 짜여진 사전계획에 의해 저질러진
학살이었다 제주도 169개 마을 중
130개 마을에 행해진
발악같은 야수적 만행이었다
섬을 뺑 둘러 해변에서부터
쭉 훑어 올라가면서 치는 몰이사냥이었다
생각해보았는가

총과 칼, 죽창에 돌로 찔리고 찍혀지고 찢기어
창자는 터지고 손발은 오그라들고
머리는 화염에 그을려
차마 눈 뜨고 볼 수 없는 시체의 산과 산을
혹은 물에 불어서 부패한 시체의 바다에
게들이 바글바글 뜯어 먹는 장면을
번성한 것은 골짜기 가득한 까마귀 떼였다
해안의 게들이었다
그리하여 산자는 살기 위해 산으로 올랐다
형언할 수 없는 분노와 적개심 안고
산으로 올랐다 한라산으로 올랐다
오욕과 굴종, 두려움 떨쳐 버리고
산사람이 되었다
빨갱이가 되어 싸웠다
더러는 토벌대에 잡혀 고문 속에 죽기도 했다
-너 남로당이냐
-남로당이 뭐이우꽈
-그러면 너는 왜 올라갔느냐
-여기 있시믄 죽여분뎅 허영 올라갔수다

그들은 이런 사람들이었다
그러나 그들은 알았다
굶주림과 질병, 추위 속에서 싸우다
손 한 번 쓸 수 없이 죽어가는 동지를 지켜보며
그들은 알았다
결코 한순간 목숨을 연명하기 위한
방편의 산행이 아니었음을
그들은 싸우며 죽어가며 알았다
그들은 반제전사였다
그들은 해방전사였다
그들은 통일전사였다
최후의 일각까지, 최후의 일인까지
죽어서도 제주의 흙으로 남아
봄이면 피빛 진달래로 타올랐다
실로 오랜 항쟁이었다
기억하는가
자네가 치를 떨며 분노해 하던 80년 광주를
하지만 이미 광주는 40년 전 제주에서 시작되었다
아니 불과 30년 전의 일이었다

오늘 그 참극의 땅에
학살자들은 집을 지었다
이름하여 제주국제관광지
독점자본과 권력을 휘두르며
호텔을 세우고 골프장을 만들고는
환상의 섬, 낭만의 섬
남국의 정취가 서린 여행자의 천국이라 선전한다
그러나 지금도 어느 이름모를 굴에 누워있을
그날의 죽음은 말한다
제주는 관광지가 아니다
더욱이 제주도는 하와이가 아니다라고
그리하여 친구여
다시 제주에 가거든
기억하라
무자년 4월 제주 그 피의 항쟁을
그리고 통곡하라
한서린 뼈들이 섞인 표선의 백사장에
머리를 처박고 통곡하라
그래서 니가 낳을 새끼에게는 가르쳐라

한라산은 사화산이 아니라 살아 있는 화산이라고
제주도는 결코 관광 놀이삼아 오는 곳이 아니라고
니가 몰랐던 사실 니새끼에게는 가르쳐야 한다

금붕어

금붕어는 갇혀 있어도 산다
적당량의 먹이와 산소를 공급받으면
아무런 불만없이
절대적으로 주인을 신임한다
아니 먹이만 주면 무조건 주인이다
누구나 주인이다
다른 건 필요없다
홍수가 나고 가뭄이 들고
수족관 밖 난리가 나도
밥 주는 주인을 위해
오로지 이 목숨 다 바쳐
꼬리치며 교태부리며 충성한다

소원

8차선 대로를 활보하고 싶다
미어터지는 사람들의 물결
도도히 번져 나아가는
축제와도 같은 해방의 거리를 향해
풍물패 앞세워 어깨동무 노래 부르며
8차선 대로를 활보하고 싶다

믿었던 도끼

누가 말했던가
사람의 진가는 가장 어려울 때 안다고
철거공고가 나고 마을이 어수선할 즈음
결사항전 투쟁! 투쟁을 외치며
마주잡은 손 힘주어 흔들어 주던
믿었던 세입자 대책위 김위원장
억수같이 비 퍼붓던 밤
쥐도 새도 모르게 단봇짐 싸서 도망쳤다네
필시 돈 받아 쳐 묵을 끼거마는
개새끼 씨발놈 직이뻰다
믿는 도끼에 발등 찍혔다고 분개하다
망연자실 추적추적 내리는 비를 보며
누가 말했던가
카멜레온처럼 얄팍한 지식인의 한계라고
제법 배웠다고 말발도 있어 위원장 시켰더니
힘 닿는 데까지 최선을 다하겠다는 다짐에 더욱 믿었는데
딱한 양반 무엇이 두려워 무엇이 구려
그렇게 황급히 떠날게 뭐람
누가 말했든가
좆도 배운 거 없어 무식해서 이래 살지만

우리는 그따위 더러운 짓 죽어도 못한다고
이형, 술이나 한잔 하고 봅시다라고

그 겁문 얼굴이

날이 갈수록 시위대가 불어나자
훈련병까지 거리로 나섰다
군기가 든 탓인지 목소리는 우렁찼지만
우리들 맞받아 지른 함성소리에 두려움으로 변한 눈빛들
누가 너희를 여기에 서게 했는가
안타까움으로 대치한 거리에
어린 짭새들 방패를 앞세우고
주춤주춤 다가서고 이어 페퍼포그와 작열하는 최루탄
일순 허물어지는 대열
그러나 대열정비 대열정비
1조 2조 3조 다급한 외침 속에
포물선을 그리며 날아가는 꽃병과 돌들
그때 나는 보았다
확실히 겁먹은 너희들의 표정과 등 뒤에 가해지는 무수한 발길을
그렇구나 너희도 그렇게 조련되어지는구나
그리하여 머잖아 경대를 죽인 백골단처럼
너희들도 길길이 날뛰면서 쇠파이프를 휘두르겠지
오직 살아남기 위해 명령복종, 폭력을 피해
그 겁먹은 얼굴이

효암리 김만규

세월이 가면 다 잊아뿌겠지
내 모든 것을 빼앗아간 저 놈의 바다
아내를 도라이로 만들고 새끼들을 죽인 저 바다
허지만 저 바다가 내 밥줄이고 직장인 걸
그래 지금도 모르겠어
우리집안 외가 모두 아무 이상이 없는데
망할 놈의 저 발전소가 들어선 뒤
수시로 뜨거운 물 나와
한겨울에도 목욕탕에 들어간 것만 같은
그 바다에 자맥질하고 고기 잡은 죄밖에 없는데
첫째 둘째 한 살을 못 넘기고
시름시름 앓다가 죽었어
용하다는 병원 큰 병원 다 찾아다녀도
아무도 자식놈 죽어가는 이유를 모른다고
다만 뇌가 이상하다고만 하더만
알고 보니 내 새끼들도 영광 그 사람 아처럼
무뇌아였어

비애

차라리 잘 죽었다고 하는 생명 있다면
그것이 무슨 극악무도한 살인마도 아니고
전생에 무슨 원한 맺힌 일 있어
부모 가슴 무수히 송곳질하다 간 어린 생명 있다면
단지 그 아버지 살아보고자 잎에 풀칠하고자
닥치는 대로 일한 죄 뿐이라면
그랬다, 목구멍이 포도청이라
무서운 소문 끊이지 않는 핵발전소
다른 사람 일당 육천 원 받을 때
하루 삼십 분이면 십만 원 목돈이 생기는 욕심에
설마설마 의심 뭉개며 땀 흘려 일한 것 뿐인데
낳은 자식 몰골이 사람이 아니라 병신 괴물 같아
행여 누가 볼까 입단속 문단속 쉬쉬하다
끝내 그 어린 생명 죽어버려
차라리 잘 죽었다고 하는 생명 있다면

희망

아버지의 고정관념은 무섭지만 허술하다
오늘도 부자는 텔레비전 앞에서
서로를 원색적으로 비난하고 매도하지만
아들의 또박또박 들이대는 근거 앞에
아버지는 그만 말문이 막혀 뭐 뭐 하다가
아무튼 빨갱이는 안돼라고 우기지만
이쯤에서 나는 일어서야 한다는 것을 터득했다
일테면 부자가 같이 태어나고 자란
고향 땅 유곡천처럼
아버지는 한사코 남강의 지류라고 하고
나는 낙동강이라 한다 하다못해
지도를 펴 놓고 이래도요 하지만
아무려면 어떤가 아무렴 어차피
남강이나 낙동강 흘러흘러 남지나 창령에서
한물이 되어 결국 하나 되는 남해인 것을

효암리 멍텅구리*

무슨 기계며 무엇 때문에 설치하는지도 몰랐어
가르쳐 주지도 않았고 관심도 없었지
처음에는 하도 시끄럽게 울어서 잠도 못자고
고장난 줄 알고 몇 번이나 철거시켜 달라고 요구하니
구식이라 원래 소리가 난다고 하는기라
나중에사 알았는데 그놈의 측정기가
빨간불 빤짝이며 빽빽거리며 울 때는
방사능이 기준치 이상이라는 경보음인기라
한전 가서 따지고 항의 안했나
이놈들 우리가 못배웠다고 영어며 전문용어 섞어가며
설명을 하는데 우리가 뭘 알아야제
그러면서 먼저 있던 담당자는 딴 데 보내고
새로 온 놈은 자기는 잘 모르는 일이라카고
오리발 내미는데 얼마나 부아가 치미노
한전 본사 올라가 대장 잡고 이야기하니
그럴 리가 없다며 전자식으로 기계를 바꾸더만
헌데 이놈은 또 완전 멍텅구린기라
작년에는 비가 오나 태풍이 부나 일 년 내 0.009더니
올해는 지금까지 자나깨나 0.008인기라
이럴 수도 있냐고 물으니

그냥 믿어달라데

신통치 않는기라

최근에 우리 마을서 암으로 여덟 명이 죽었는데

내 아무래도 저놈의 핵발전소 때문이지 싶어

안그렇나 마을하고 핵발전소하고 이백미터 거리니,

*효암리 주민들은 방사능측정기(放射能測定器, Radial Dosimeter)를 멍텅구리
라 불렀다.

이 좋은 세상에

어머니 말하신다
열불이 채여 속타는 소리로
지지리도 못난 놈 복장이 터져 미치겠다고
돈 안 되는 짓 골라가며 한다고
사람구실 못한다고
이웃마을 바보같은 후배 영식이도
오늘 장가갔다며
다 저녁 전기밥솥에 쌀 앉히며
이 좋은 세상에, 이 좋은 세상에 하시며
제 집에 약수물 한 번 안 길어다 주는 놈이
환경운동, 아나 이놈아 하신다

머리맡

피곤에 겨워 숨소리조차 잠든 듯
어머니 잠든 머리맡
당신께서 내게 했듯
흰머리 쓰다듬으며 혼잣말로 읊조린다
아, 어머니
산다는 게 너무 힘듭니다
사람답게 산다는 것이
도무지 낯선 이방인처럼
어울릴 수 없는 혼탁함에서 몸부림치는
어머니 얼마나 고생 많았습니까

정애의 그림

일러스트 하는 정애가 화가 났다
정애가 그린 그림을
아이들은 이해를 하는데
동화책 만드는 어른들은 이해를 못한다고
이해를 잘 못하는 어른들이
자기들이 쉽게 알아보도록
정애에게 수정을 요구했다
정애는 화가 무지 났지만
먹고 살기 위해 어쩔 수 없이
어른들의 취향에 맞게 다시 그렸다

겨울, 삼신봉

싸락눈 떼지어 내리는 날
지리 단천계곡 낙엽밭을 헤멘다
길은 어디에도 없고
잔설처럼 남아 있는 그날의 흔적 더듬어
산죽 칡넝쿨 우거진 잡목림
각개전투하듯 오른다
회초리인 듯 살을 베는 칼바람
손끝을 아리게 하는데
한물간 이념이든 아니든
허수로이 산을 타듯 살아서는 안된다고
지리능선 흰 이빨 드러내어 울부짖는 늑대처럼
눈보라 사납게 뺨을 때린다

이름 없는 풀은 없다

어머니 집요한 잔소리에 못이겨
눈 비비며 투덜투덜 밭에 가는 휴일 아침
오리걸음 밭고랑 타며 김을 맨다
뽑아도 뽑아도 아침이면 늘 새로운
여름 잡풀들의 질긴 뿌리 뽑으며
잡초에게 말을 건다
너는 어찌하여 쓸모없는 잡초일 뿐인가
너도 뿌리에 고구마나 감자나 달 일이지
너도 잎사귀 끝에 고추나 가지같이 열매나 달 일이지
너도 쌀이나 보리처럼 줄기에 알곡이나 달지
어찌하여 사람을 성가시게 하냐며
낫질 싹둑싹둑 싱겁게 베어넘기자니
한줌 거름이 되어 들을 키운다고 한다

중산리에서 2

캄캄하늘 간간이 비 뿌리고
물소리만 살아살아
그것이 때로 바람결
두런두런 사람소리만 같아
반가움에 텐트문을 열면
여전히 어둠뿐인 중산리 계곡
물은 흘러 어디로 가는가
마셔도 마셔도 취하지 않는 밤
다시 사람의 길을 생각한다

산 너머

흔하디 흔한 사랑타령에도
헤어짐은 슬픔이라 했거늘
분단시대, 실은 분단의 아픔을 모르고
막연히 통일을 노래하다 노래하다
거나하게 취해서 집으로 돌아가는 늦은 저녁
차창 넘어 황령산을 보다가 보다가
나는 소름끼치는 분단의 실제를 경험한다
일테면 내가 살고 있는 부산의 반을
아니 황령산을 경계로
산 너머를 이북이라 한다면
졸지에 나는 오매불망 이산가족이 된다
가족 친지들이 있는 산 너머
사랑하는 이와 친구 동료들이 있는 산 너머
누가 그었는가
그리하여 난데없는 생이별 사십오 년
살았는지 죽었는지 모를 막막한 세월
휴전선 철책을 넘나드는 뜬구름 날짐승을 부러워하고
어머니, 어머니 한시도 잊어본 적이 없는 어머니
그러다 다심한 그 사랑 오히려 짜증만 내던 기억, 기억
살아생전 뵐 수 있을까

뒤늦은 후회에 목놓아 통곡하고 통곡하다
두 손 모아 염원하는 통일, 통일
그렇다 분단이란 이런 것이다
반세기를 우리는 그렇게 남의 일처럼 살아왔다
아 누구인가
이 땅의 통일을 가로막고 방해하는 자
그 누구인가

낙동대교에서 2

장마에는 낙동대교에 선다
거기 휩쓸려 떠내려가는 것들과
억척같은 뿌리로 버티고 선 갈대들
그리고 무엇이든 꾸역꾸역
잘도 삼키는 하구의 아가리를 본다
역사의 하구도 저럴까
분노의 시간도 비통의 시간도
환희의 순간도 다만 흐르고 흘러
역사의 한 페이지일 뿐인가
탁류의 세월 도도히 흘러가는 무심한 세상
일렁이는 하구의 바다
멀리서 용트림하는 해일의 바다를 꿈꾼다

빗속에서

산으로 가는 모든 길이 통제되었다
사람들은 돌아서 민가로 가거나
빗발과 어둠을 이용하여
무작정 숲으로 가기도 했고
더러는 날이 개이길 기다려 퍼질고 앉았다
비는 사정없이 내리고
바람은 쉴 틈이 없다
순식간에 계곡물은 사납게 차오르고
비바람 그칠 줄 모르는데
먼저 산으로 갔던 사람들은 무사할까
바람소리 비 그림자 어두운 한낮

철

사람들은 말하지 곧잘
철좀 들어라 혹은 이 철딱서니 없는 것아 라고
사람들은 말하지 흔히들
나이 들어 나이값 하느라 철들었다고
보통 세상이야 이웃이야 어찌 되든
제 가족 제 한몸 잘 유지할 때 철들었다 하지
그러나 철들었다 함은
본시 몸과 마음이 쇳덩이처럼 무거워
세파에 쉽사리 흔들지 않고
한길을 변함없이 가는 사람이지
바람 불면 펄럭이는 미친년 치마자락처럼
이랬다 저랬다 간에 붙었다 쓸개에 붙었다
그래서 제 밥그릇 하나만 잘 챙기는 사람은
그저 처세에 능한 사람이라 일러야지
암 그래야 말고

그날이 오면

80년대 우리는 노래했다
그날이 오면을, 혹은 그날이 올 때까지를
거리에서도 부르고 운동장에서도 부르고
술집에서도 그날이 오면을 불렀다
그리고 시간이 흘러 90년대
분명한 것은 아직도 그날이 오지 않았다는 것인데
과연 그날은 있기나 한 것인지
억압과 착취가 없는 평등 해방 세상
그날이 오면 그날이 오면
새로운 세상 열릴까 우리 세상이 올까
그렇다면 오늘은 누구의 세상이며
어제는 누구의 세상이었던가

본가에 와서

사는 일 만만찮다 한숨 절로 나올 때
아버지 어머니 우리 형제 키울 적 생각나
내 살던 본가를 찾았네
어머니 어린 손주 재롱에
저녁도 잊은 채 시간 가는 줄 모르는데
나 살짝 내 골방으로 와
지난 시절 밤새워 읽던 책들을 뒤적인다
군데군데 붉게 밑줄 그은 말씀들
오랜만에 되살아나 옛 생각 새롭다

무슨 바람이었을까
이제는 온갖 잡동사니 창고로 전락한
내 총각시절 골방에
아직도 남아 있는 책들을 보면
그리하여 손끝으로 문지르면
언제적 먼지일까
수북하니 티끌 되어 일어난다
아 언제적 바람이었을까
내노라는 시인들이 쓴 시집과
나도 시인입네 쓴 시들과

시인이라고 불러주는 사람은 그리 없지만
묻어두기에는 지난 시절이 아까와
자비출판 시인들의 시집을
점수 매기듯 등급지어 놓았던

아 언제적 바람이었까
저돌적이고 턱없이 오만했던
내 한창 젊은날의 방자함이여
아직도 유효한가
시여 정신이여
먼지를 턴다
케케묵은 생각을 털고
타성을 털고 관념을 털고 이기를 턴다

서 있는 예수

수영 뒷길 민락동 지나다
우연히 보았다 서 있는 예수를
어찌하여 당신은 거기 서 있기만 하는가
앉을 수도 있고 누울 수도 있을 텐데
모두가 잠든 한밤중
가야할 곳을 모른 채 우두커니
뭔가 억울하다는 듯
두 팔 내리 벌린 채 막막히 서 있는 예수
세상 이래도 되는 것인가
새벽이 오고 해가 뜨고
밤새 한잠도 못자고
충혈된 눈으로 망연자실 서 있는 예수

비오는 밤에

문득 생각나 냉장고 문을 연다
냉동실 냉장실 가득하다
쌀통에 쌀은 반 넘어 차 있고
우리밀 라면도 몇 봉지 있다
먹을 것을 걱정하지 않아도 된다는 것
얼마나 복에 겨운 일인가
그리하여 한 끼 안 먹는다하여
결코 굶어죽을 일은 없을 터
내 한 끼 줄임으로하여
북한동포가 산다는데
아침이면 설마 하면서도
긴가민가 혀를 차면서도
허구한 날 점심때면
먹을 게 없다고 메뉴타령을 한다
이런이런 썩어문드러질
용서하시라
세상 제일 서럽고 힘든 일 배고픔이라는데
나는 얼마나 풍족한가
아 나눔이 없는 풍족함이여

9시 뉴스

오늘같이 비가 내리는 날이면
중국집 전화통은 불이 나고
오토바이 탄 철가방은 종횡무진 거리를 누빈다
그리하여 텔레비전 9시 뉴스 첫머리
앵커 말하기를 시방처럼 긴박하고도 긴장된 투로
사건 사고를 언급함이 아니라
아주 느긋하고도 점잖게
오늘은 국민을 위해 궂은 날씨에도 불구하고
맡은 바 최선을 다하는 중국집 배달원의 노고를
카메라에 담아보았습니다, 로 시작하여
비 오는 날 중국집 배달원의 하루를 밀착취재하고
배달원의 배달변천사와 함께
덧붙여 맛있는 중국집까지 은근슬쩍 소개하는 9시 뉴스가
대접받는 세상이어야 한다 그렇지 않는가
한끼 밥먹는 일조차 귀찮아 밥을 시켜 먹는 우리를 위해
수고를 아끼지 않는 철가방의 노고가
다른 어느 것보다 우선되어 보도되는 세상을
오늘같이 비가 내리는 날이면

제3부

비 오는 밤

비 오는 밤이었다
6층이 시끄럽다
싸우는 소리같기도 하고
그러다 말겠지

비 오는 밤이었다
갑자기 현관문이 부서지듯 부딪히는 소리
놀라서 나가보니
누군가 피흘리며 신음하고 있었다

비 오는 밤이었다
119 구급차가 오고
복도에 흥건한 피 닦아내도록
누구 하나 내다보지 않았다

누가 그저 주어도 안 산다던 아파트
거기로 이사와서
아이 엄마는 마음에 들어했다
간섭받지 않고, 간섭하지 않아서

이사

타향살이 40년
비로소 아버지 문패 번듯한
새집으로 이사 가던 날
해묵은 살림살이
시절 지난 옷가지에서
비닐봉투까지 하나도 버릴 것 없다
단호한 어머니
구질구질 잡동사니
딸, 며느리 기겁하지만
그러거나 말거나 어머니,
우리시대 최고의 환경운동가입니다

모르면 외롭다

비가 내리고
횡단보도에서 신호를 기다리는 사람들
큰 우산 쓴 여자 있고
대머리 남자 처연히 비를 맞고 있다
버스 차장 밖 이 묘한 풍경
큰 우산 쓴 여자
모르기 때문에 비에 젖어도 무심하다
알면 작은 우산 하나로도
세 사람이 비를 나눈다

그 집에는 숟가락이 세 개다

남원시 산내면 월백 1리
지리 능선 병풍처럼 둘러 싼 곳
부산에서 귀농歸農하여
딸 하나 키우고 있는 영도댁 선미씨
세 살 난 딸 예나와 함께
지금 한참 재미나게 살고 있다
예쁜 나무처럼 크라고 지은 이름이지만
열 가구 사는 그 마을에
예나를 모르는 사람은 없다
그런데 누구도 예나의 나이를 묻지 않는다
그래서 예나는 저가 몇 살인지 잘 모른다
그도 그럴 것이
예나가 태어나는 순간부터 아장아장 걷다가
시방처럼 호기심 가득한 눈으로
아무에게나 이것저것 물어보기까지
다 알기 때문이다
심지어 뉘댁에 숟가락이 몇 개 있는지
익히 아는 터라
예나도 누군가 예나야 하면

누가 부르는지
안 보고도 아는 마을

오해, 환경운동가

그들은 사람도 아니다
언제나 가난해야 하고
그게 당연한 듯
그들은 로맨스도 연애도 못하고
그러면 안되는 것처럼
그게 당연한 듯
목사보다, 스님보다
더 청렴해야 하는 것처럼
그게 당연한듯
에이 씨바
그런 게 아닌데
그들은 사람도 아니다

위기진단

내년이면 큰 아들이 중학교에 가고
둘째는 일곱 살이 된다
밥상머리 마누라 새삼스레 꺼낸 말
하지만 우리 식구 구제금융시절에도 견뎌냈다
비록 결혼예물 돌반지 팔아 연명했지만
그리고 시방 이 겨울 불안한 봄을 기다리며
문득 두려워 할 일이 무엇인가 자문한다
그렇다 언제 호사했던 적 있었던가
공황이 온다한들 오늘과 무엇이 다른가

골프장 환경영향평가서

신갈나무, 서어나무, 생강나무, 진달래, 철쭉
어둑한 숲 그늘 아래
노루, 고라니, 오소리, 너구리, 멧돼지 더불어
진퍼리새, 둥굴레, 비비추, 애기나리
부들부들 떨었다

저 건너
포크레인 불도저 막무가내로 밀어붙인
생목들 아비규환의 골짜기
널부러진 주검의 잔해
뿌리째 뽑혀 흔적 없다

사람의 말을 할 수 있다면
머리띠 동여 메고 들고 일어나
규탄집회라도 했을 거다

수만 그루의 나무들도 뚜벅뚜벅 걸어 나와
이런 법이 어디 있냐며 멱살잡이를 할거다
풀이란 풀은 독기 머금은 풀씨 날리며
저주를 퍼부을 것이다

사람의 말을 할 수만 있다면
이따위 엉터리가 어디 있냐며

소나기처럼 쏟아지던 별빛 아래
언제나 잠들지 못하는 도회의 불빛이 두려웠다
때때로 어둠을 할퀴고 가던 자동차 헤드라이트가
그 징조인 줄 알았으나
이런 참극 대학살인줄 꿈에도 몰랐다

쿨럭쿨럭

70년대 혹은 80년대
연산동 제일화학 석면공장, 남부럽지 않은 번듯한 직장이었다
진짜 열심히 일했다

쿨럭쿨럭
석면먼지 자욱한 공장에서 밤 새워 일해도 즐거웠다
먼지와 더불어 밥을 먹고
곤하면 석면 구덩이에 빠져 눈을 붙이기도 했다
지금이사 기겁하고 경악할 노릇이지만
누구도 말하지 않았다

쿨럭쿨럭
그랬다 회사 간부 언 놈도 말하지 않았다
오로지 열심히 일한 죄, 단지 석면공장 옆에 살았다고
아내가 죽고, 이웃이 죽었다
다음은 당신인가

쿨럭쿨럭
시방, 시멘트처럼 굳어가는 내 가슴
거기에 박힌 한맺힌 사연, 더는 없어야 한다

나는 비록 바튼 기침 가슴 쥐어뜯다 절규하며 죽어가지만
더는 나처럼 살해되는 사람이 없기 위해
더는 1급 발암물질 석면으로 억울한 죽음이 없기 위해
쿨럭쿨럭

지리산

올랐으면 내려가야지
정상에서 누리는 경관의 만찬은
땀이 식을 동안이다
욕심은 금물, 영원한 것은 없다
다만 감사할 일이다
올랐으면 내려가야지

마지막 벌초

이제 끝이다
집안회의 끝에 만장일치로 합의했다
찾아올 후손 없어 방치될 조상들의 무덤을 생각해서
납골당이며 수목장을 거론하다
그동안 내던 회비에, 특별 기금 내어
주차시설 번듯한 집안묘역을 만들기로 했다.
이산저산 흩어져 있는 조상님들 찾아뵙기 힘들어
그냥 한데모아 합동으로 벌초하고 문안인사 드리고자
수풀 속 언뜻 본 뱀 대가리에 놀라고
수풀 속 땡삐를 건드려 삽십육계 줄랭랑 치던 이벤트는 중단됐다
그리하여 후손 발복發福, 막실재 너머 향하던 상여소리 아득한 시절
이제가면 언제 오나 요령소리
명정공포 앞세워 오르던 이산저산 원망도 많던 벌초길
이제가면 언제 오나
예초기 깔끔하니 이발한 할매 산소
엎드려 절하고
고향친구인 듯 반가이 맞아주던
산국이며 구절초, 산부추, 오이풀, 마타리, 뚝갈들 안녕하라
이제 끝이다

을숙도 고니

얄궂은 일이다
해마다 잊지 않고 찾아주니 고맙다만
대관절 무슨 꿀단지가 있길래
이역만리 먼먼 하늘길 처자식 데리고
산 넘고 강 건너 왔지만
섣달 그믐 지나면 양식이 떨어지고
울음소리 처량한 을숙도 남단
기웃기웃 시나브로
고구마 당근에 길들여져
야성의 경계도 허물고
저벅저벅 뻘밭을 서성인다

보라보라섬

낙원이 따로 없다
남태평양 프랑스령 푸른 산호초
야자수 우거진 그림같은 섬
태평양 전쟁이 터지고
미군이 진주하면서 달라졌다
일용할 양식 고기잡이
먹을 만큼만 잡아 많든 적든
공평하게 나누던 삶 사라지고
전깃불 아래 니것 내것 챙기면서
낙원을 잃어버렸다

도시민

걸어서 가는 퇴근길
끝없이 이어진 차량들을 본다
때 아닌 봄장마에 꽃은 주눅이 들었다
석유의 종말이 가깝고
지구는 거듭 경고를 보내지만
직립보행의 도시민은 안중에도 없다
배설과 배출이 있을 뿐이다
하늘을 더럽히고
강과 바다를 병들게 했다
숲을 집단으로 유린하고
갯벌을 파묻었다
갯지렁이, 모시조개, 엽랑게, 길게, 칠게가
마늘하늘 날벼락처럼 압사 당하고
새들은 둥지를 버리고 더 깊은 숲으로 달아났다
회유하는 어족들이 고향을 잃고
거북의 목에는 플라스틱 올가미가 걸렸다
하늘은 별을 지웠다
참으로 무책임한 일이다
오로지 소비하고 소진시킴으로서 죄를 짓는다
걸어서 집으로 가는 길

잘못 굴러가는 세상

시골 땅 세 마지기 가진 사람이
도시 땅 오십 평 가진 자에게 허리를 숙인다
시골 땅 세 마지기 논도 있고 밭도 있다만
먹고 사는 일 팍팍한데
도시 땅 오십 평 가진 자
앉아서 주식, 증권, 아파트로 시세차익으로 풍족하다
세 마지기 땅과 오십 평 아파트는
극과 극이다
세마지기 땅 팔아 오십 평 아파트 사면
남는 것 없이 빚만 지는 세상
오십 평 아파트 한 채면
세 마지기 상답 사고도 남아
농사짓는 일이 가소로워
그 마, 때리 치우소 한다

이불을 덮으며

술 마시고 와서
일찍 자리에 든다
이불을 덮으며, 이부자락 이마 끝까지 끌어 올리다
문득 죽음을 생각한다.
살다 살다 잠자듯 눈 감을 때면
누군가 이렇듯
이부자락 이마 끝까지 덮어주리라
자식새끼, 마누라, 형제, 일가친척
울고불고 법석을 떨다
화장하고 장례 치르고 나면
좀은 허전하겠지만
그래도 알아서 살리라
그렇다 태극기 앞에 조국과 민족을 위해
몸과 마음을 바쳐 충성을 강요하던
어처구니없는 이데올로기도
충혈된 눈으로 돈을 벌어야 할 의무도
한낱 눈 떠 있던 날의 몸부림
나 죽어 기억하지도 못할 세상사
그대는 기억하려나

스치는 얼굴들
이불을 덮으며 죽음을 생각한다

손톱

손톱을 깍으며
먼지 잘려나긴 손톱의 행방이 궁금해졌다
손끝에서 성실히 임무를 수행하다가
때가 되어 떠난 선임처럼
열심히 복무한 손톱이 하직을 앞두고 있다

한때 손톱 밑 흙 찌꺼기, 기름때 부끄러워 할 때
노동하는 자의 훈장임을 넌지시 가르쳐 주기도 한
손톱은 까마득히 잊고 산 세월을 저장한 칩처럼
기억을 재생시켜 뒤돌아보게 했다

그렇다, 눈을 도와 컴퓨터 자판을 두드리기도 하고
가려운 구멍 속 이물질을 생포하기도 했다
눈을 대신하여 은밀한 곳을 더듬던 우직한 손톱
정든 손톱과 나는 이제 결별해야 한다

혁혁한 전과에도 불구하고
달리 노고를 취하할 상이 없다는 사실이 애석한데
손톱은 의연하다

마침내 잘 가라 싹둑,
손톱깍기가 한치의 양보도 없이 떼어 놓은 손톱
그러나 손톱은 슬퍼하지 않는다,
다만 남겨둔 뿌리가 새끼를 치듯 번성을 바랄 뿐

그렇다 잘 있거라 손가락아
나 죽어도 후회 없다
랄랄라 노래 부르며
저 바람 속에 던져진다

사막비개구리

사막비개구리라고 들어 봤는지
네이비, 다음 검색창에도 뜨지 않는 희귀종
바람이 불고 모래가 날릴 때면
뒷발로 모래를 헤집고 들어 앉아
숨죽인 채 바람 잘 때를 기다리지
언뜻 봐선 그게 모래인지 개구리인지
아무도 모르지
자체가 사막이지
물 한 방울 없는 거기
새벽이 오면 사막인지 안개인지
구분도 안 되는 오리무중의 바다
뭘 먹고 사나
능선을 넘는 작은 물가루 샤워하듯 받아먹지
하긴 이 세계에 소속된 생명체 모두
안개를 밥처럼 나누어 먹지
믿기지 않지만 그 통통한 몸으로
뒤뚱뒤뚱 사냥을 하지
날렵하게 혀를 내밀어 사냥을 하지
놀라운 일이지

사는 게 별 거냐고
별 총총한 밤 날름날름 별을 따먹지

눌차도
―배혜영

늘 뭍이 그리웠다
벗어나고 싶었던 섬 마을 눌차
한 달에 한번
新平, 이모집 심부름을 기다렸다

아침나절 선창에서 龍原까지 배를 탔다
다시 진해-명지 시외버스를 타고
乙淑島에서 내려 下端까지 배를 탔다
그래도 좋았다

기러기떼 북으로 몇 번이나 날았던가
난데없이 하구둑이 들어서고
신호, 녹산 차례차례 매립되었다
아파트가 서고 검은 길이 가덕도를 덥쳤다

언제나 소원하던 뭍으로의 꿈
이제 가덕, 눌차는 섬을 버렸다
늙은 팽나무는 팔려갔다

갯벌은 숨이 막히고 굴밭은 멍이 들었다

대낮같은 신항의 불빛과 소음 속
새들은 더 이상 오지 않는다

왠지 낯선 마을처럼
더 이상 뱃전에서의 기다림은 없다
친구, 친척 이웃들과 나누던
정다운 이야기도 사라졌다

늘 섬이 그리웠다

새 무덤

새들도 무덤이 있을까
본시 나고 죽음이
힘겨운 나래짓 비상의 하늘에
날다날다 더는 날 수 없을 때
고마 툭 떨어졌나
가물되는 기억
종잡을 수 없다
떨어진 하늘 원망이라도 하듯
그렇게 하늘 쳐다보다
그나마 눈꺼풀도 무거워
그마저도 닫고
바람인 듯
바람속으로 가는 길
알에서 나와
흙속의 알집으로 가는 길

동천

광무교며 범일교에서 너를 만난다
어디서 뭇매를 맞았는지
볼 때마다 거무죽죽 멍든 얼굴
불만 가득 검은 가슴으로
누군가를 원망하듯
이 도시의 왕따가 되어
시발 싸팔 소리죽여 흐른다

두려움

후쿠시마에서 핵발전소가 폭발했다
솟구쳐 오르는 수증기 혹은
정체를 알 수 없는 의문의 연기들

공포가 드리운 하늘에 바람이 관통한다
무차별 방사능 공포가 예고되고
시민들은 피난길에 올랐다
가능한 멀리멀리 도망쳐야 한다

돌아오지 못할 땅
누구도 자유로울 수 없다
보이지 않으나 실로 무섭고 두려운 것들
백약이 무효다

핵발전소 시방 그것들
내 옆에서 거칠게 숨쉬고 있다

정명희

하동 평사리 귀농 십년 차
정명희 산다
부산에서 환경운동연합 회원 활동도 하고
민주노동당 당원이기도 했던 그녀가
훌쩍 시집을 간 뒤
그 이름 잊고 산지 십 수 년
그 세월 수리봉 자락 터 잡고 살았다
농약, 비료 담쌓고
이른바 유기농법으로
뭇생명 더불어 살기 위해
밤이면 칠흑같은 어둠 속에
어둠 그 자체가 되어 산다
행여 나무와 풀이 잠들지 못할까봐

연화리 읍파정挹波亭

환갑 지나고 칠순쯤은 되어야 기억해내는
가물가물한 그곳
저기 어디쯤이라는데
용케 파도가 물길을 알아 한 번씩 몰려오는 곳

까마득한 날
유배 왔던 신선이 머물렀다는 적선대謫仙臺
신선은 종일토록 파도와 벗했다
파도가 허리를 굽혀 예를 올렸다

파도는 그 시절 그 걸음으로 연화리를 찾지만
감쪽같이 변해버린 해안에서
나는 파도를 막고 선 마징가제트 등대더러
파도의 장관을 수소문한다

*기장군 연화리 서암마을에 있었다.

승두말에서 1

다 저녁 그 바다에 서고 싶었다
노을은 서편으로 비켜섰고
어둑살 내린 하늘가 개밥바라기 홀로 떴다

언제나처럼
민물가마우지 자리다툼으로 소란한 오륙도 등대섬
벼랑끝 일박이 위태롭다

사는 게 뭐냐
뒤척임의 바다 끝
집어등 밝힌 불면의 수평선에 걸린 물음표

승두말 흘러내린 바위 비탈
모질게 뿌리내린 억새나 해국, 갯고들빼기처럼
오로지 살아남아 씨앗 품을 것인가

바람은
등대섬, 송곳섬, 솔섬, 방패섬 차례차례 건너와
돌아가라 돌아가라 등을 떠민다

승두말에서 2

폭풍주의보가 내리고
길길이 날뛰는 파도는 거품을 문다
그럴수록 더욱 깊이 뿌리를 내리는
비탈의 식구들
각시원추리 그렇게 피었다

언제나 그랬듯
비바람은 스쳐간다
다시 날이 개이고
바다는 내 언제 그랬냐며 천연스럽다
하늘이 알고 땅이 아는 거짓말

오륙도 여섯 섬이
아무렴 그렇고말고 맞장구치면
바다는 하늘빛을 담아
물질하러 나온 해녀들에게
숨겨둔 소라, 전복을 건넨다

제주 팽나무

서면 옛 제일제당 자리
전차 종점 터에 높은 아파트 들어섰다
거기 꾸며놓은 정원에
잘 생긴 나무들 원래부터 있었던 것처럼
서 있다 제주 팽나무
나이로 보면 아파트 할배뻘이지만
더샵 센트럴스타 58층 발목 아래
셋방살이 처지가 되었다
돈이면 다 되는 세상인 듯
정든 곳 뿌리 뽑혀 부자 아파트
오는 사람 가는 사람
경비아저씨 입주자 경례하듯
손 흔들고 선 제주 팽나무

저승기행을 예약하고

숨쉬기를 멈출 때
일상을 확인하던 달력의 숫자도 행진을 멈춘다
그 마지막 날 목욕하고 잠자듯 그렇게 죽을 일이다
언제나처럼 머리맡에 수첩과 필기구 두고서
혹이나 저승이 있다면
저승기행, 이승 때처럼 써 볼 일이다
그리하여 참말로 지옥이 있다면 마다 않고 지옥행을 선택하여
악행의 결과를 눈여겨 볼 일이다
만에 하나 염라대왕이 직무유기를 하고 있다면
고발장을 쓰고 욕이라도 하리라
그렇치 않은가
지금처럼 이런 세상 유사 이래 있었던가
사람이, 사람이 아니고 사람 탈을 쓴 악마가 아닌 다음에야
습관처럼 악행을 짓고도 태연작 도리어 칭송받고
그럼에도 더 잘 살고 행복해 하는 꼴
방치해서는 안 된다고
외면해서는 안 된다고 저승사자 빨리 급파하여
목숨 걷어 올 년놈들
빨리 명단 공개하라고 삿대질에 고함칠 일이다
어쨌든 죽어 할 일이 생겼다는 것

죽어서도 심심치 않아
나 죽어도 괜찮으리
숨쉬기를 멈출 때

기적을 위하여

1
하마 나흘을 넘기고 닷새째
침몰한 여객선에 갇힌 어린 꽃들
하나 둘 주검으로 떠오르는 야속한 바다
그 어미 선 채 망부석이 되었다
나는 그 사연에 눈물 밖에 보탤 일이 없었다
일상은 시들해졌고 우울증이 번지기 시작했다

2
누군가 기적을 말했다
빈말이래도 좋았다
거리에 촛불이 켜지고
교회와 성당, 사찰에서 기도가 원을 그렸다
그 밤 어디서 호랑지빠귀 호이 호이 대신 울었다
그 소리 귀기울여 하늘 보았다

3
잠들지 못하는 불빛 몇 점
자식 기다리는 부모의 마음인듯 저리도 밝아 새삼 깨닫는다
그렇다 그냥 오는 아침이 아니다

설령 오늘이 아니고 내일이 될지라도
지극한 정성과 간절한 바램이라면
하늘을 움직여 기적이 눈 뜬다 했던가

4
잠든 기적을 깨울 일이다
가물가물 죽음의 문턱에 선 아이들 소리쳐 깨울 일이다
그리하여 좌표 잃고 뒤집어져 침몰한 대한민국
너희들 더불어 다시 세울 일이다
너희가 살아야 이 모든 죄 용서되리니
그렇지 않느냐 이놈들아 퍼뜩 일어나라 퍼뜩, 엉 엉

세모고랭이

늦가을 낙동강하구 을숙도 남단에
고니떼 날아 온다
시베리아 캄차카 얼어붙은 땅
일용할 양식을 찾아
남으로 남으로 날아와
을숙도 갯벌에서 겨울 난다
물이 빠지면,
물이 안빠져도 고니들
조개 채취하듯
뻘 바닥 주둥이 처박고
먹이식물을 찾는다
이 식물 이름이 새섬매자기인데
참 어처구니없게도
그 전까지는 세모고랭이로 불렸다
어느 날 학위받은 박사, 교수 연구원들이
약속이나 한 듯 세모고랭이 대신
새섬매자기라 부르기 시작했다

궁극적으로

버스 정류소에서 버스를 기다린다
범일동 국민은행 앞에 서는 버스는
108번, 83번, 10번, 138번, 23번 등
남구와 수영구 방면으로 운행하는 차들이 서는 곳
다들 그쪽 방향으로 집이 있거나
목적한 일이 있어 버스를 기다린다
문득 이보다 명료한 사실이 있을까
그렇다 저마다 가야 할 곳
이렇듯 분명하구나
집 아닌 다른 곳으로 가야 한다면
건너편에 서거나 지하철역으로 가야 한다
아무리 친한 친구라 할지라도
방향이 다르면 우리는 헤어질 수밖에 없다
예컨대 나는 이명박이 싫은데
한나라당이 싫은데 그 차를 탈 수는 없지 않은가
우리가 추구하는 것
가는 곳이 다르다면

의령 출신

어쩌다 사람들 모여 술 한잔 할 때
통성명하고 고향이 어디냐고 물을 때면
열에 아홉은 우순경*부터 입에 올렸다
택도 없는 소리 말라며 발끈하면
다들 죄진 일 없이 미안스러운 표정이다
그리하여 내 존경하는 의령출신들 그 이름에
사람됨이며 행적, 역사를 들려주었다.
첫 번째 인물이 임란 의병장 망우당 곽재우에
둘째가 일제 강점기 독립운동가 백산 안희제요
셋째가 유신시절 변혁운동가 이수병이라 하니
서로 얼굴 쳐다보며 낯설어 한다
하기사 의령사람들도 잘 모르는 그 이름
그럴 법도 하여 인혁당사건** 들먹이며
1975년 4월 9일 사형당한 원통한 사연 들려주자
장탄식에 고개 숙인 채 긴 한숨짓는다
누군가 삼성그룹 이병철도 거기 출신 아니냐고
그래 고향 막실재 너머 재벌 하나 나긴 했다고
다만 그 양반이 경주 최부자, 백산 선생 반만이라도
아니 그 반에 반만이라도 따라갔다면
같은 의령 출신 내세울 이름으로 대접할 것이나

왠지 그 이름은 내 기준에 아니었다고 했다
어쩌다 사람들 모여 술 한잔 할 때

*우순경: 부산출신 현직 순경인 우범곤이 1982년 4월 26일 의령 궁류면 4개 마을에 총기를 난사하여 95명의 사상자를 낸 사건.

**人民革命黨事件: 1960~70년대 중앙정보부가 '국가 변란을 목적으로 북한의 지령을 받는 지하조직을 결성했다'고 발표하여, 다수의 혁신계 인사와 언론인, 교수, 학생 등이 검거된 사건으로 이수병, 여정남 등 8명이 선고 18시간 만에 교수형을 당했다. 유신체제의 대표적 살인사건이다. 2007년과 2008년 사법부의 재심에서 관련자 전원에게 무죄가 선고되었다.

유월에

간만에 어버지 놀이터에 놀러 갔다
이미니, 반팔, 반바지 내 옷차림새 보고
놔둬라 놔둬라 만류하는데
오리걸음으로 밭을 탄다
하마 등짝에 목덜미에 얼굴에
땀구멍 죄다 열려 비오듯 땀이 흐르고
모기떼 달라붙어 문지르면 피가 번졌다
물린 자리 가려워 이것들이 하다가
문득 이 또한 나눔이라 헛웃음 흘린다
예컨대 쌤쌤(same-same)이다
아버지 텃밭에 상추며 푸성귀 내 먹을거리이듯
내 몸뚱어리 피, 시커먼 산모기의 밥이다
서로가 나누어 가졌다

효암리

효암천 흘러 어디로 가나
조상대대 이어오던 삶의 터
미역 따고 농사짓던 동해 갯마을
어린 손주 등에 업고 둥개둥개 노래 불러 주던 시절
마을 끝 전복바위 박물관으로 가고
마을 앞 살구나무 대처 음식점에 뿌리내렸다
고향은 기억과 추억속에 있을 뿐
포크레인 불도저 밀어버린 언덕에
우리를 내쫓은 핵발전소 무리지어 서 있을 뿐
유일한 고향의 흔적 효암천조차 꺾어 흐른다

지운다

비 내리고 안개 자욱한 날
모처럼 내 눈과 가슴이 평화를 얻는다
안개는 더함도 부족함도 없는 평등의 마술사
고층빌딩, 아파트
안개 속에 묻혀 사라졌다
하, 기분 좋은 일

시근始根 없는 아버지

아들이 군대 갔다
철 없는 아들이 군대를 갔다
대학 들어가 공부는 뒷전이고
마냥 지 세상인양 돌아다니는 꼴
눈꼴 사나와 툭 하면
일찍 좀 다니라며 시작되던 잔소리만
아들 없는 방에 남았다
어쩌다 마주하는 밥상머리에서도
그 놈의 잔소리는 여전했다
얼마나 지겨웠을까

남들 다 가는 군대지만
아들 군대 가기 싫다며 버티고 버티다
결국에는 머리 밀고 집을 나섰다
훈련소 데려다 주고 돌아오는 먼 귀가길
아내의 걱정은 끝이 없다
그러려니 했던 나도 새삼 아들 생각에
차장 밖 어둠만 보았다
시근 없는 애비
든자리 난자리 비로소 확인한다

어머니 말씀인즉

대통령 선거날 비가 내리고 있었다
그 아침에 어머니 전화를 주셨다
다짜고짜 하시는 말이
"문재인이 저거 아버지가 이북사람이란다
어요 니는 와 맨날 그런 사람 편에 서노"
"그기 뭔 말인교"
전화기 너머 아버지의 짜증도 들린다
"아 그참 씰데없는 소리 하구 있네"
"그래서 홍준표 찍었는교"
"아이다 니 하라는대로 1번 찍었는데
자꾸 저쪽에 퍼주는 사람되면 안 힘드나"
"그래가 얼마나 마이 다칫노"
그랬다, 어머니는 누가 대통령이되느냐 보다
오지랖 넓은 새끼가 걱정되어 하신 전화였다
날 저물도록 비가 내리고 있었다

퇴행에 대하여

역사는 끊임없이 전진한다고 하는데
뒤로 가고 거꾸로 가기도 한다
이 여름
가만 앉아 있어도 등짝 가슴팍을 타고 흐르는 땀
정직한 내 몸이 외부의 기온에 민감하게 반응하여
아— 하면 아로 답한다
그래서 소슬바람 불고 그러다 서리 내리고 찬바람 불면
누가 말하지 않아도 내 몸은 내복을 찾고 중무장한다
참 솔직하여라 내 몸이여
허나 내 가슴과 머리는 약아 빠졌다
외부의 변화를 목도하고 참을 수 없는 불의 앞에서
내 머리는 온갖 시나리오로 바쁘고
가슴은 속내를 감춘다
건널목 건너듯 좌우 살피고
파란불에 비로소 건너고야 마는
나 헛 처먹는 퇴행이여

쉬는 날

아내 일 나가고 아들 알바 가고
북새통의 아침에도 모처럼 한가하다
느지막이 일어나
냉장고 뒤져 반찬가지 식탁에 올려 놓고
아침도 아닌 점심도 아닌 밥을 먹는다
이부자리 개어 농에 넣고
청소를 한다
수북히 쌓인 빈그릇과 냄비
설거지는 기본,
큰방 작은방 거실을 청소기로 밀고
쓰레기 분리수거 내다 버리고
세탁기를 돌린다 속옷 따로 수건 따로
마지막으로 화장실까지 청소하고
간만에 화초에 듬뿍 물을 주니 반나절이 후딱 지나가고
땀에 절은 몸 찬물 끼얹어 씻어 내리고
비로소 선풍기 바람 맞으며 더위를 식힌다
일 나가기 전 아내의 하루였다

삼보일배

동문에서 북문 금정산
산길에 엎드려 절을 한다.
처음으로 키 작은 풀들에게도
절 한다
풀석이며 솟아 오르는
먼지에게도 절한다
고개돌려 보니
풀뿌리 하얗게 빛났다
감사한 일이다
세 걸음 멈추고 한번 절함으로써
비로소 친구가 되었다

목련 대화

자정 무렵 혹은 자정 넘어 귀가가 일상이 되었다
그날도 자정 넘어 퇴근해서 1978년 산 5층 연립아파트
내 사는 집으로 들어서다 말고
가동 나동 주차장 사이 화단에 마주보고선 목련 두 그루
키재기 하는 모습 보았다
가지를 펼쳐 둥근 수형이 참 곱고 의젓하여 말을 건넸다
듣자하니 나동 302호 영감이 얼마전 이승을 하직하고 가면서
나무를 쓰다듬고 고맙다고 했다나 금시초문이었다
목련은 모르는 것이 없었다
붙박힌 삶이지만 아파트 주민의 일거수 일투족 지켜보며
혀를 차기도 하고 미소를 짓기도 했다
새로 이사온 사람이 궁금해 서쪽 가지 기웃기웃 살랑이며
설핏 훔쳐 보기도 했고,
가동 201호 신혼부부의 알콩달콩 사는 이야기도 전해주었다
어쩌다 정붙이고 살던 사람 이사 갈 때면 잘 살아라며
손을 흔들어 주기도 했다
그런 목련이 내게 말했다
오늘도 많이 늦었네
이심전심 통하는 것이 있었던 것일까
어쩌다 보니 이렇게 고단하게 산다며 푸념하자

목련이 말을 받아 아이고 니는 발이라도 있어
온천지 마음 내키면 돌아다닐 수 있지만
내 한 봐라 얼마나 답답하겠노 라며 너스레를 떨었다
그도 그렇겠다 싶어 위로한답시고 쓰다듬어 주자
목련이 간지럽다고 킬킬거렸고
그제사 통일동산 넘어 온 달이 아파트 옥상에 걸터 앉았다

적의敵意

새벽녘 잠꼬대를 했다
아들이 들었다
무서웠다고 했다
눈 떠 있을 때 입 밖에 내지 못했던
분통과 울분의 덩어리
자는 중에 터져 나왔다
무서웠다 그런 내가
직설적이지 못하고
마음을 감추고
비켜 섰다가
꿈길에 고래고래
고함지르고 삿대질하는
내가 무섭다

지가 덥어봤자

한때 한여름
더위에 굴복한다는 것은 용납할 수 없는 일이었다
지가 덥어봤자 였다
비록 땀에 온몸 흥근히 젖더라도 그러려니 했다
여름은 더워야 한다며
그 믿음과 자신감 영원할 줄 알았다
그랬던 내가
허물어 지는 건 아주 잠시였다
그늘을 찾고
아이스크림 입에 물고
냉커피 마시며 에어컨 냉기에
너무도 쉽게 여름의 포로가 되어
고분고분 단맛에 취해
세상이 어찌되든
꼭꼭 닫힌 건물, 차안에 갇혀
올가미에 묶여 끌려가는 개처럼 침 질질 흘리며
가는 곳 어딘지도 모르는 한여름

3월에

목련이 피고서야 봄이 왔음을 알았다
비에 목련 지는 것 보고시야
진짜 봄이 왔음을 알았다
봄은 앞 다퉈 달려오는데
기억 속의 사오월 보리고개
내게는 해마다 현실이다

어찌 살 것인가
후원자들도 예전같지 않다
기대어 왔던 언덕이 하나 둘 쓸어져
달리 어쩔 수 없다
이사회비 내어달라 요청하는 글
가슴을 끄집어 내어 보여주지만
다 내 마음 같지가 않아
쓰다 달다 말이 없다

올해도 봄은 새떼처럼 날아와
이제 막 목련가지에 앉아
눈 부시게 노래 부르고
그 소리에 감응하여

흰꽃들 일제히 피는데
생활은 궁핍하고 구차하다 지겹다
식구들 볼 낯 없다
이렇게 살아야 하나
허튼 수작 안부리고
검은 욕심 멀리한 것이
왠지 허망하고 바보같다

하늘선물

비 내리네
간만에 비 오네
하늘 아래 땅
축축허니
시방 내 귓속으로
걸어 들어오는 이 소리는
땅이 밥 먹는 소리
귀한 손님
새벽내
진수성찬이다

달려드는 모기 앞에

11월 2일 토요일
모기 때문에 잠이 깼다
물린 자리 가려워
더는 물리지 않기 위해
모기를 잡았다
눈 떠 있는데도 달려들었다
내게서 피를 얻을 수 없다면
모기는 내일이 없는 것처럼
맹렬하다 못해 발악이었다
흡사 가미가제처럼 달려 들었다
새벽 다섯 시 모기는 전멸했다
곳곳에 찍힌 핏자국
저 피는 내 것인가 모기 것인가
피에 굶주린 모기처럼
나도 모기가 될 수도 있다
살기 위해 몸부림 칠 때

그때 나를 죽일 놈은 누구인가

마천루의 삶

지상에서 떠나
공중에 몸 눕히는 사람들
제 정신이 아니다
같은 시대를 살면서도
지상의 세계에 인색한 그 세계는
고소득 고학력자들이 태반이다
몸 뉘일 자리 층수를 높여가며
발 아래 두는 것이 기쁨이었다
그들은 지상의 약탈자들이다
빼앗은 만큼 지상으로부터 멀어졌다
천상의 식탁에는 늘 풍족함이 넘쳐났다
망원경으로 먹잇감을 탐색하고
정보를 공유하면서 때로 하이에나처럼
집단으로 달려들어 뜯어 먹었다
나름 철칙이 있었다
획득한 부와 명성을 위해
혹독하게 자식을 교육시키며
늘 1등을 목표로 삼거나 나누었다
짝짓기도 그들끼리만 했다
그리하여 그들은 별종이 되었다

가끔 개천의 용이 얼쩡거렸지만
발톱을 제거하고
여의주를 상납했을 때만 가능했다
저물녘 해가
마천루를 붉게 물들이고
흡사 불길에 휩싸인 듯
어둠 내리는 거기
참말로 거기 불타오른다면
지상의 장관 나 즐기며 보겠네

하느님 유감

하느님은 참 마음이 좋다
이놈도 저놈도
이년도 저년도
죄 진 놈 하나같이 사랑하시니
심지어 천벌 받을 놈도
경고조차 없다
이런 법은 없다고
하소연하고 원망해도
하느님은 눈감아 준다
어디 선거 나올 일도 없으면서
선심 쓰듯 말이 없다
그래서 하느님이 싫어졌다
어쩌면 알아서 하란 것인지도
그렇지 않고서야
녹이 슨 저 양반의 침묵

공범

구멍난 산 속으로 고속철이 들락날락
그 장면 익숙하고 무디어졌다
바람조차 길을 잃고 헤메는 장대터널
도룡뇽은 돌아왔을까
격렬히 저항했던 한때가
차창 밖 스치고
살다보니 나도 고속철의 일부가 되어
어둠 속을 관통한다
너무 빨라 터널 속을 읽을 수 없다
에나 무심한 금정산과 천성산
괜히 그 시절 나에게 미안했다

모르겠다, 이제는
—낙동강 하구

1
눈을 감으면 보인다
낙동강이 실어 온 모래 켜켜이
구르듯 강물따라
남해와 만나는 하구의 모래톱
신자도 쇠제비갈매기와 흰물떼새의 알들
파도소리 듣고 부화했다

2
은빛 물결로 출렁이는 갈대밭 너머
물 빠진 갯벌에
머리 처박고 뻘 바닥 헤집고 다니는 고니 떼
하얗게 빛났다
가끔씩 민물도요들의 현란한 선회비행에
눈이 멀기도 했다

3
바람 등지고 걷던 길
고랑을 타고 고개 내밀던 명지 대파들 사이
갈대밭에 숨어 있던 집들이 피워 올리던 저녁연기가

모락모락 손짓했다
기러기는 북쪽으로 민물가마우지는 남쪽으로
열 지어 편대 지어 날아가는 하늘
홍시같던 저물녘 해는
가덕도 연대봉을 붉게 물들이고
어둑어둑 깊어오는 어둠 속
일렁이며 반짝이던 그믐밤의 별들
빛바랜 사진처럼 가슴에 남았다

4.
아 이제는 모르겠다
지평선도 사라지고
들쭉날쭉 덩이진 불빛들
밤마다 꼬리를 물고 선 차량불빛
하구둑을 건너고
내 생에 무엇과도 바꿀 수 없었던 그림 한 점
이제는 눈 감고 볼 뿐이다

영화 1987

벼루고 벼루다 영화로 돌아 온
종철이를 만났다
누구도 지켜주지 못했던
떠나던 날의 그 참혹한 고문
남영동 대공분실에 눈물처럼 고였다
그것은 눈물이 아니었다
난도질 당한 영혼이었다
지워도 지워지지 않는 선연한 피였다
그 피 악마들이 핥아 마시며 히히덕 거리고
남은 피 더 큰악마에게 상납하고 있었다

그리곤 탁 치니 억하고 죽었다 했다
아니다, 아니다
검사, 의사, 법의학자, 기자가
아주 조심스럽게 말했던 진실
하지만 그 조차도 용기가 필요했던
불면의 밤에 선택한 작은 촛불이었다
그 양심이 고마웠다
누구도 선뜻 나서지 못했던 그 길에
진실이 타오르고 비둘기가 날았다

약속이나 한 것처럼 입을 닫았던 거리에
외면했던 정의가
여럿이 더불어 스크럼짜고 외쳤다
종철이를 살려내라
그 목소리 남녘에 가득했던 그해 유월
그날이 오면, 그날이 오면
그날이 오면을 노래한지 30년

그리운 얼굴은 눈물이 되어 흐르고
그 아픈 추억은 이정표가 되었다
더 이상 불의 앞에 관대할 수 없는
역사가 되었다

별이 빛나는 밤

1.
설 아래였든가 분명치 않다
간만에 모인 친구들 우루루 몰려 다니며
명절 인사 핑계 삼아
십리 안짝 마을을 돌며 술독을 비웠다

어깨동무 들길에선
나훈아의 고향열차를 떼지어 부르기도 했다
고향 떠나 머무는 곳에서의
첫 사회 생활, 다들 허풍이 늘었다
외롭고 힘든 객지에서 고향은 늘 그리웠다

누구는 공장에 다니고
누구는 대학에 다니고
누군 군대 휴가였다
농사는 재길이만 지었다
나는 재수생이었다

다들 막차로 내려와서는
첫차로 떠났고

남은 놈들끼리 하릴없이 술병을 비웠다
그렇게 취해서 오는 날이 많았다

어느 날이던가 집앞 골목어귀
비틀거리다 담벼락에 기대어
헛구역질 토해내다
문득 올려다 본 취중의 하늘

세상에 세상에 그 별들 하고는
별들이 강이 되어 흐르는 그 하늘에
별똥이 획 획 자취없이 금져 내렸다

2.
천왕봉 올랐다 대성골로 하산하던 날
간발의 차이로 막차를 놓치고
소주병 나발 불며
비포장 도로를 따라 걸었다

얼마나 걸었을까
쇠점터 근처를 지나던 트럭 한 대

운전사에게 양해를 구해 짐칸에 올라탔다
그때 누워서 보던 밤하늘

아 별들 강이 되어 흐르고
울퉁불퉁 패인 길을 지날 때마다
덜컹되는 차체 따라 나도 튀어 올랐다
그렇게 날아올라 별이 되고 싶었다

길에서

팽나무 한 그루 세월이 깊다
하마 삼백 년
씨 하나가 무려 네 아름에
4층 건물 높이로 자랐다

헤아릴 수 없는 낮과 밤
뿌리째 흔들던
비바람 강설에도 굳건했다

그 질긴 목숨의 그늘 아래
새들은 가지마다 둥지 틀었고
마을 영감들은 장기를 두었다

잠시 지나가던 내가
문안 인사 올린다
만수무강하세요

착각

그때 너는 지상의 사람이 아니었다
쓰나미가 몰려와
산더미 같은 파도가 덮치는 순간

혹은 핵발전소가 폭발한 현장에서
그다지 멀지 않는 곳에서 허둥대다
방사능에 피폭 당하고선 뒤늦은 후회와 저주로 삿대질 하거나
땅가죽 주욱 갈라지고 다리는 폭삭 주저앉고
빌딩이 무너져 내려 자욱한 먼지와 불길이는
아비규환의 그 순간
텔레비전이 전하는 외신이라 믿고 싶겠지만
아니면 그 어떤 위기의 순간에도 탈출하는
영화 속의 주인공인 듯
너만은 살아남으리라 믿고 싶겠지만
착각은 자유다
구사일생도 기대하지 마라
이미 사망자 명단에 네 이름 올랐다

아직도 모르겠는가
거듭 말하지만 니는 시방 지상의 산 사람이 아니다

한번 둘러봐 누가 죽고 누가 살았는지
이제야 믿는가 아니 할 말로
당신은 그렇다치고 새끼들은 무슨 죄인가
세상천지 어떤 부모가 새끼를 사지로 몰아 넣는단 말인가

당신의 이기를 위해
핵발전소가 있는 지역은 희생양이 된다
당신의 이기를 위해
핵발전소가 없어도 송전탑 고압선 아래 피폭당해야 한다
당신의 이기를 위해
아이들의 미래까지 저당 잡혀선 안된다

핵발전소 한방이면 끝이다
달아날 곳도 없다
체르노빌, 후쿠시마 다음이 여기다
아무도 책임지지 않는다
당신의 죽음은 누가 책임지는가
요행 당장 죽지 않는다 해도

평생을 암이나 백혈병으로 고통받아야 한다면
그럼에도 여전히 핵만이 살 길이라고
귀신 씨나락 까먹는 소리로
핵발전소가 안전하고
핵발전소가 경제적이고
핵발전소가 환경적이라고 주구장창 떠들고선 저것들

그렇다
한번 사는 곳을 바꾸어 보자
그러니까 핵발전소는 서울로 여의도로 해봤자 먹혀들리 없고
대신 너거가 여기서 살아라
그래서 안전하고 값싼, 깨끗한 에너지를 만드는 핵발전소라고 증명해라
서울서, 학교에서, 텔레비전에서, 신문에서 말고
여기서 농사짓고 고기잡고 미역, 다시마 키우면서
지원금 받아가며
후쿠시마 수산물 안전하다며 무식하게 고기 뜯어먹는 아베처럼
내게 보여다오

허니

제발
착각하지마라

•작품 평

꽃등 들고 강둑길 걷는 남자

박정애(시인)

　1980년대부터 2천대까지 년차별로 묶은 2백여 편의 시가 메일로 왔다. 붙임 말에 "누나 제발 부탁인데, '이미 시인'이란 말은 하지 마."였다. 나는 동의할 생각이 전혀 없다. 오래전 그러니까 구십 년대 초, 부산환경운동연합에서 처음 만나 지금까지 오면서 내 눈에 그는 등단코스를 밟지 않았지만 '이미 시인'이었다. 또 그렇게 불러 왔다.
　평론가의 매운 눈으로 눈치 채지 않게 슬쩍 건드려주면 더 깊은 울림으로 빛나게 될 작품들이다. 나는 여기서 시적 이론이나 성립구조에 대해 말하지 않을 것이다. 시와 시인이 일치하는 시가 있는가 하면 글과 사람이 연결되지 않는 경우도 있다. 이 시인은 누구에게도 간섭받지 않는 독자적 목소리를 가졌다.

사람은 오감을 통해 자신과 주변이 이어진다. 다채로운 정보가 오가고 경험이 축적된다. 시의 원형질은 선험적 익숙함에서 신명과 리듬으로 직조되는 이미지이며 언어의 예술이다.

엽기적인 영상문화가 정신문화의 파탄을 초래할 것이란 두려움은 오래전부터였다. 詩의 불안은 여전히 계속되고 있다. 인간의 근원적 심성인 詩의 메시지는 혁명도 해탈도 구원도 아니다. 다만 새로운 느낌, 새로운 깨달음인 신생의 원천이기도 한 詩는 감성이고 향기이며 느낌이다. 감성을 예민하게 건드리는 감각은 사물이나 타인, 나 자신까지도 낯설게 하는 깨달음이다.

시의 유형은 여러 가지다. 시의 상상력은 무한하지만 경험해보지도 않은 황당한 요술 같은 시, 마치 도 닦은 선인처럼, 훌륭한 스승처럼 독자를 가르치려는 시, 나 여행 좀 하고 왔다는 시, 나 시인인데 하면서 뽐내는 시, 음풍농월하는 시, 징징거리거나 울기부터 하는 시, 사랑, 사랑하는 사랑시 등등.

이성근 시인의 시는 새벽 물안개 같다. 고요한 물속에 반영된 피사체처럼 부드러움이 있으며 격랑의 파도 같은 거침도 있다. 또 무엇보다 구체적이다. 거대한 짐승의 잔등 같은 산머리 위로 여명처럼 밝아오는 더운 열기 같기도 하고 담장이 없는 집 마당에 선 감나무 새순 같기도 하다. 아무튼 詩는 설명되지 않아야 한다는 것이 나의 생각이다. 왜냐면 시의 느낌은 읽는 사람의 몫이자 독자의 상상력을 방해하니까.

지난 겨울 파낸 흙더미에 앉아
말뚝 박는 소리를 듣는다
깡 깡 깡 끝없이 이어지는 소리
오늘 하루만도 강바닥에는

얼마나 많은 못들이 박혔을까
가봤자 헛걸음인 줄 알면서도
다시 찾은 강변 마을
언제나 반겨주던 뱃머리 갈대숲
그 너머 눈에 익은 철새 떼 다시 볼 길 없고
흙먼지 자욱한 을숙도 퇴사 위엔
보금자리 삶터 쫓겨난 가난한 사람들
잡초처럼 어지럽게 피었다

—「을숙도 85년 봄」 전문

쾌청한 날
낙동대교에 서면
말이 되고 싶다

보아라
수수만년 물길이 만든
저 편한 땅과 바다에 누운 하늘을

마냥 달려도 모자랄 듯
가슴을 온통 열어두어도
에누리가 없는 곳

쾌청한 날
낙동대교에 서면
나는 말이 된다

—「낙동대교에 서면」 전문

85년도 무렵 을숙도 하구언 수문공사가 있었던 것 같다. 지금껏 열리지 않는 수문은 말문을 닫고 있다. 그리고 90년대 들어서면서부터 낙동강 수난시대가 되었다. 낙동강 페놀사건으로 식수 파동을 경험했고, 인체에 치명적인 중금속이 배출될 염색공장과 자동차 부품 공장이 낙동강 본류에 인접하여 들어선 위천공단문제는 식수문제와 직결된 중대 사안이었다.

지역경제를 살리겠다는 개발지상주의적 경제논리와 죽음 일보직전에 이른 낙동강을 살리기 위한 몸부림은 지금도 계속되고 있다. 뿐만 아니다. 석포제련소 등 이명박의 4대강 사업으로 인하여 낙동강은 아프게 울고 있고, 강을 살리겠다는 몸부림 또한 계속되고 있다.

> 어머니 말하신다
> 열불이 채여 속타는 소리로
> 지지리도 못난 놈 복장이 터져 미치겠다고
> 돈 안 되는 짓 골라가며 한다고
> 사람구실 못한다고
> 이웃마을 바보같은 후배 영식이도
> 오늘 장가갔다며
> 다 저녁 전기밥솥에 쌀 앉히며
> 이 좋은 세상에, 이 좋은 세상에 하시며
> 제 집에 약수물 한 번 안 길어다 주는 놈이
> 환경운동, 아나 이놈아 하신다
> ―「이 좋은 세상에」 전문

자연보전을 위해 동식물이 주체가 되어 이들을 대신하여 소송할 수 있는 그런 법은 없을까. 동식물을 포함한 대자연과 공생 공존하는 우리 인간은 한 몸 아닌가. 그러니 저 말 못하는 동식물과 자연을 대변하고 공동으로 원고가 되어 대판싸움을 한다면 상대는 어쩔 수 없는 사회적 싸움이다. 일찍부터 환경운동가이자 '이미 시인'인 그는 그 한가운데 서 있었다. 댐건설이나 멸종위기에 몰린 동식물들을 바라보며 앉아서 한숨만 쉬고 탄식만 할 수 없었던 그는 늘 현장에 있었다. 언제나 발로 뛰어 다니는 신산한 삶의 한가운데서 그는 틈틈이 시를 썼다. 어머니한테서 '환경운동, 아나 이놈아 하신다.'는 말을 들어가면서.

아직도 신혼의 단꿈에 젖어있을 친구
자네의 초청으로 집들이 갔던 날
술 끝에 자랑처럼 틀어준 비디오며 사진을 생각한다
신혼여행지 제주도에서의 4박 5일
화면이 바뀔 때 마다
자네는 설명까지 곁들여 가며
수줍어하는 신부와의 농밀했던 시간을 얘기했지만
나는 더불어 즐거울 수 없었다
아마도 정방폭포의 시원한 물줄기며
표선의 백사장과 민속촌
성산포의 일출봉과 함덕의 해수욕장은
사진찍기에는 더없이 좋은 배경이 되었겠지만
너희 부부 갖가지 폼잡으며
민망한 사진을 박은 제주의 관광명소가
생각조차 끔찍한 도륙의 현장이라면
그렇다 그곳은 낮에는 빨갱이, 밤에는 반동분자로
총소리만 들리면 푸른 군복만 보이면
밥상머리 앉았다가도 밭을 갈다가도
보리타작을 하다가도 신을 삼다가도
몸을 숨기기에 급급했던 제주 사람들
영문도 모른 채 폭도로 누명 쓰고
무참히 떼죽음 당한 살육의 현장
아니 시인 김명식의 표현처럼
이른바 미제의 이이제이以夷制夷고강도 전략에 의해

"대한민국을 위해서는 제주도 전토에
휘발유를 뿌리고 거기에 불을 놓아
30만 도민을 한꺼번에 태워 없애야 한다"
당시 미군정 경무부장 조병옥의 말처럼
세계에서 그 유례를 찾을 길 없는
잔인무도한 대학살의 현장이었다
이승만 매국도당과 미제에 의해
철저히 짜여진 사전계획에 의해 저질러진
학살이었다 제주도 169개 마을 중
130개 마을에 행해진
발악같은 야수적 만행이었다
섬을 뺑 둘러 해변에서부터
쭉 훑어 올라가면서 치는 몰이사냥이었다
생각해보았는가
총과 칼, 죽창에 돌로 찔리고 찍혀지고 찢기어
창자는 터지고 손발은 오그라들고
머리는 화염에 그을려
차마 눈 뜨고 볼 수 없는 시체의 산과 산을
혹은 물에 불어서 부패한 시체의 바다에
게들이 바글바글 뜯어 먹는 장면을
번성한 것은 골짜기 가득한 까마귀 떼였다
해안의 게들이었다
그리하여 산자는 살기 위해 산으로 올랐다
형언할 수 없는 분노와 적개심 안고
산으로 올랐다 한라산으로 올랐다
오욕과 굴종, 두려움 떨쳐 버리고
산사람이 되었다
빨갱이가 되어 싸웠다
더러는 토벌대에 잡혀 고문 속에 죽기도 했다
—너 남로당이냐
—남로당이 뭐이우꽈

-그러면 너는 왜 올라갔느냐
-여기 있시믄 죽여분뎅 허영 올라갔수다
그들은 이런 사람들이었다
그러나 그들은 알았다
굶주림과 질병, 추위 속에서 싸우다
손 한 번 쓸 수 없이 죽어가는 동지를 지켜보며
그들은 알았다
결코 한순간 목숨을 연명하기 위한
빙편의 산행이 아니있음을
그들은 싸우며 죽어가며 알았다
그들은 반제전사였다
그들은 해방전사였다
그들은 통일전사였다
최후의 일각까지, 최후의 일인까지
죽어서도 제주의 흙으로 남아
봄이면 피빛 진달래로 타올랐다
실로 오랜 항쟁이었다
기억하는가
자네가 치를 떨며 분노해 하던 80년 광주를
하지만 이미 광주는 40년 전 제주에서 시작되었다
아니 불과 30년 전의 일이었다
—「제주도는 하와이가 아니다」 중에서

    제주 4·3은 분노와는 다르고 슬픔과도 차원이 또 다른 치명적 아픔이었다. 이 사건은 역사에 깊은 상처를 남겼다. 우리의 현대사를 돌아보면 화날 일 투성이다. 가슴에 맺힌 응어리를 풀어 버리려 해도 배출구가 없다. 상처를 다스리고 보살피는 건 도인들만 하는 일이 아니다. 오랫동안 참았던 가슴에 뭉친 상처의 덩어리가 병을 만든다. 이것은 한국인에게 만 있는 한(恨)이라는 병이다. 그 한이

문화와 예술을 만든다고 했던가. 그러한 분노와 슬픔이 오히려 시를 쓰게 하고 그를 시인으로 만들었다.

예술적 표현이 노골적이면 야하고, 지나치게 야하면 말썽이 된다. 말썽을 타면 뜬다. 화젯거리는 될 수 있지만 명작은 될 수 없다. 난해시의 상징성은 그 직조의 가닥을 풀 해석이 필요하지만 서사는 전체적인 줄거리로 지탱된다. 그의 시는 구체적이고 숨김이 없으며 날카롭다. 인위적 외향중시 추구에 바쁜 세상에서 누구에게도 간섭받지 않는 돌장승 같은 독자적 목소리이다.

    무슨 기계며 무엇 때문에 설치하는지도 몰랐어
    가르쳐 주지도 않았고 관심도 없었지
    처음에는 하도 시끄럽게 울어서 잠도 못자고
    고장난 줄 알고 몇 번이나 철거시켜 달라고 요구하니
    구식이라 원래 소리가 난다고 하는기라
    나중에사 알았는데 그놈의 측정기가
    빨간 불 빤짝이며 빽빽거리며 울 때는
    방사능이 기준치 이상이라는 경보음인기라
    한전 가서 따지고 항의 안했나
    이놈들 우리가 못배웠다고 영어며 전문용어 섞어가며
    설명을 하는데 우리가 뭘 알아야제
    그러면서 먼저 있던 담당자는 딴 데 보내고
    새로 온 놈은 자기는 잘 모르는 일이라카고
    오리발 내미는데 얼마나 부아가 치미노
    한전 본사 올라가 대장 잡고 이야기하니
    그럴 리가 없다며 전자식으로 기계를 바꾸더만
    헌데 이놈은 또 완전 멍텅구린기라
    작년에는 비가 오나 태풍이 부나 일 년 내 0.009더니
    올해는 지금까지 자나깨나 0.008인기라
    이럴 수도 있냐고 물으니

그냥 믿어달라데
신통치 않는기라
최근에 우리 마을서 암으로 여덟 명이 죽었는데
내 아무래도 저놈의 핵발전소 때문이지 싶어
안그렇나 마을하고 핵발전소하고 이백미터 거리니,
　　　　　　　　　　　　―「효암리 멍텅구리」전문

후쿠시마에서 핵발전소가 폭발했다
솟구쳐 오르는 수증기 혹은
정체를 알 수 없는 의문의 연기들

공포가 드리운 하늘에 바람이 관통한다
무차별 방사능 공포가 예고되고
시민들은 피난길에 올랐다
가능한 멀리멀리 도망쳐야 한다

돌아오지 못할 땅
누구도 자유로울 수 없다
보이지 않으나 실로 무섭고 두려운 것들
백약이 무효다

핵발전소 시방 그것들
내 옆에서 거칠게 숨쉬고 있다
　　　　　　　　　　　　―「두려움」전문

　일본을 강타한 쓰나미로 후쿠시마 핵발전소 폭발은 체르노빌에 이은 지구적 재앙이자 참사다. 8년이 지난 지금까지 우리의 밥상까지 위협하고 있는 방사선폐해는 앞으로 백년까지도 영향을 끼치게 될 거라는 환경운동가들의 예상이다. 일반인들은 이런 불편한 진실의 심각성에 대해 이 시인의 '두려움'만 하겠는가.

땅은 생명을 잉태하는 어머니시다. 땅에서 잡초처럼 일어난 생명 중에 소위 생각을 가졌다는 인간이 편리를 위해 개발해낸 문명은 그 어머니인 지구에 대한 패륜을 거침없이 자행하고 있다. 그의 두려움은 풀과 나무와 짐승들이 지상에서 사라진다면 인간 또한 극심한 외로움으로 죽을지도 모른다는 것에 있다. 이 땅에 일어날 재앙은 인간에게도 닥칠 것이므로.

그는 털털하고 사람 좋은 사람이지만 남다른 강직함과 뚝심이 있다. 약한 자에게 한없이 약하고 강한 자 앞에서 오히려 더 강하다. 그를 화나게 하는 건 생명을 위협하는 것들이다. 그는 날아다니는 새, 기는 짐승, 곤충과 풀 한포기까지 지구생태환경에 어떤 연결고리로 동화되고 작용하는지를 목걸이 구슬처럼 꿰고 있다. 만물은 서로 연기(緣起)하며 공생하는데 짐승에게 일어난 일들이 인간에게 일어나지 말라는 법이 없다. 이를 견제하고 대응하는 사회적 활동을 꾸준히 해오면서 그는 과격한 격문 대신 시를 썼고, 근 30년 동안 묵혀 두었던 시를 이렇게 책으로 묶게 되었다. 손에 잡히지 않는 시적영감을 억지로 잡겠다고 몸부림친 시가 아닌 자연스럽고 가을 저수지 물 위를 건너가는 바람소리와 같은 시다.

    80년대 우리는 노래했다
    그날이 오면을, 혹은 그날이 올 때까지를
    거리에서도 부르고 운동장에서도 부르고
    술집에서도 그날이 오면을 불렀다
    그리고 시간이 흘러 90년대
    분명한 것은 아직도 그날이 오지 않았다는 것인데
    과연 그날은 있기나 한 것인지
    억압과 착취가 없는 평등 해방 세상
    그날이 오면 그날이 오면

새로운 세상 열릴까 우리 세상이 올까
그렇다면 오늘은 누구의 세상이며
어제는 누구의 세상이었던가

―「그날이 오면」 전문

    그가 꿈꾸는 세상은 보편적 상식이 일상인 세상일 것이다. 삼라만상이 그저 순조롭고 건강한 세상일 것이다. 인간만이 세계의 중심이라는 오만성이 더 이상 통하지 않는, 자연과 더불어 서로 구속하지 않고 구속당하지도 않는 공생공존을 자연스럽게 누리는 세상일 것이다.
    그는 김용택 시인의 시에 곡을 붙인 「꽃등 들어 님 오시면」을 자주 불렀다.
    '긴 어둠을 뚫고 새벽 닭울음소리에 안개 낀 강둑 따라 꽃등 들고 가는 흰 옷 입은 행렬을 보았나, 때론 흐르는 물이 막히고 때론 흐르는 길이 멀다 해도 아, 흐르는 일이야 행복하질 않나 우리네 땅 되살리고 그 길 따라 꽃등 들고 가는…' 그렇게 천천히 너울너울 흘러가는 물처럼. 가끔은 개울을 치뜨는 은어처럼 치열하게.

걸어서 가는 퇴근길
끝없이 이어진 차량들을 본다
때 아닌 봄장마에 꽃은 주눅이 들었다
석유의 종말이 가깝고
지구는 거듭 경고를 보내지만
직립보행의 도시민은 안중에도 없다
배설과 배출이 있을 뿐이다
하늘을 더럽히고
강과 바다를 병들게 했다
숲을 집단으로 유린하고

갯벌을 파묻었다
갯지렁이, 모시조개, 엽랑게, 길게, 칠게가
마늘하늘 날벼락처럼 압사 당하고
새들은 둥지를 버리고 더 깊은 숲으로 달아났다
회유하는 어족들이 고향을 잃고
거북의 목에는 플라스틱 올가미가 걸렸다
하늘은 별을 지웠다
참으로 무책임한 일이다
오로지 소비하고 소진시킴으로서 죄를 짓는다
걸어서 집으로 가는 길

―「도시민」 전문

    그의 발바닥에는 부산 갈맷길이 지문으로 박혀있을 것이다. 보행도시 걷고 싶은 부산을 위해 갈맷길 24코스의 개발과 탐사로 지도를 만들었다. 부산시내 곳곳을 두발로 누비고 다니며 사진을 찍고 줄자를 가져다 대었다. 갈맷길의 태동에서부터 공헌을 했고 〈걷고 싶은 부산〉의 사무처장으로 현장을 뛰어다닌 그의 사회적 공적은 대단했다.
    자연의 권리와 보전논리로 자연과 인간의 공생원리를 입으로만 꽃처럼 난발하는 말잔치가 아니다. 온전히 몸으로 실천하는 사람으로서 그의 시는 읽는 사람을 섬뜩하게 만든다.
    지금 그는 '공원 일몰제' 문제로 속이 탄다. 내년 7월이면 부산에서만 영도구 4배 이상이 해제된다. 그 공원들이 개발 가능한 땅으로 된다니 끔찍한 일이다. 더하여 누구보다 길을 사랑하는 그는 갈맷길이 토막 나고 도시민이 숨 쉴 수 있는 공간이 사라질까 노심초사 속이 타는 사람이다.

신갈나무, 서어나무, 생강나무, 진달래, 철쭉
어둑한 숲 그늘 아래
노루, 고라니, 오소리, 너구리, 멧돼지 더불어
진퍼리새, 둥굴레, 비비추, 애기나리
부들부들 떨었다

저 건너
포크레인 불도저 막무가내로 밀어붙인
생목들 아비규환의 골싸기
널부러진 주검의 잔해
뿌리째 뽑혀 흔적 없다

사람의 말을 할 수 있다면
머리띠 동여 메고 들고 일어나
규탄집회라도 했을 거다

수만 그루의 나무들도 뚜벅뚜벅 걸어 나와
이런 법이 어디 있냐며 멱살잡이를 할거다
풀이란 풀은 독기 머금은 풀씨 날리며
저주를 퍼부을 것이다

사람의 말을 할 수만 있다면
이따위 엉터리가 어디 있냐며

소나기처럼 쏟아지던 별빛 아래
언제나 잠들지 못하는 도회의 불빛이 두려웠다
때때로 어둠을 할퀴고 가던 자동차 헤드라이트가
그 징조인 줄 알았으나
이런 참극 대학살인 줄 꿈에도 몰랐다
—「골프장 환경영향평가서」 전문

자연에게 권리를 찾아주기 위해 일하고 있는 그는 지금 아름다운 목신(木神)들을 만나고 있다. 인간들보다 더 아득한 곳에서 걸어왔고 또 인간들보다 더 멀리 오랫동안 걸어갈 나무들을 위해 얼쑤얼쑤 추임새 넣으며 격려응원하고 있다. '나무나무 무슨 나무, 벌벌 떤다 사시나무, 솔솔 부는 소나무, 십리절반 오리나무, 거짓 없는 참나무, 젊어서도 단풍나무, 사철 푸른 사철나무, 낮에 봐도 밤나무, 질기고도 오래 산다 가죽나무, 귀신도 겁이 난다 엄나무', 온갖 나무의 목신을 불러 어르는 박수무당이 읊어대는 굿거리사설보다 더 많이 알고 나무에 관한한 대단히 해박한 전문가이다.

　그는 부산의 오래된 거목 '어르신 나무'들을 조사했다. 시내와 변방 기장군 곳곳을 찾아다녔고, 김해 가덕도까지 발품을 팔았다. 그는 그런 일들을 아주 신나고 즐겁게 했다. 마치 걸어 다니는 나무처럼.

•작가 평

저 우락부락 이가 시를 써?

구영기(전 생명그물 대표)

　솔직히 말해 나는 시를 모른다. 아니 좀 더 적확하게 말하자면 모르게 돼 버렸다고 하는 게 옳겠다. 누구나 그랬듯 나도 시를 써보겠다고 꽤나 심각했던 한때가 있었고 부끄러운 일이지만 또 시랍시고 슬쩍 꺼내든 것도 몇 편은 된다. 그들이 보기에 유치하고 같잖았을지 모르지만 나로서는 분명히 감동이고 절절한 삶이었다.
　그 당시, 시건은 지금보다 더 없었지만 김소월이나 윤동주 등 이전 시인들이 쓴 시는 그냥 알아들었다. 백석의 시도 낯선 단어가 널려 있지만 재차 찬찬히 읽으면 어느 순간 그림으로 변환되어 가슴 속으로 쑥 들어왔다. 김광균의 시 "심심할 때면 저무는 언덕에 올라/ 어두워 오는 하늘을 향해 나발을 불었다." 이 구절을 외면 미쳐 나갈 것 같았다. 어떻게든 나도 나발을 하나 구해 이 젊은 시절 날 저무는 언덕에서 허파가 터지도록 불어 대고 싶었다. 그런 식이었다.

그러나 나이가 더 들고 나서 신춘문예에 당선된 시들을 접한 순간 감당할 수 없는 크기의 절벽과 마주한 느낌이었다. 분명 한글 우리말로 쓴 문장이지만 내 머리로는 이해할 수 없는 게 대부분이고 잘 썼다고 추어댄 평도 더더욱 무슨 말을 하는지 알 수 없었다. 말하자면 서랍 속에서 비행기가 머리를 쥐어뜯고 있다거나 아니면 너무 어려운 관념의 용어 몇 개가 되는대로 꼬여있어서 고차선형미분방정식처럼 그 해를 머리 속에서 상상할 수 없는 경우가 많아서 그만 내가 시를 모르는 사람이 되고 말았다. 이게 부끄러워서 그들이 시를 말해도 나는 가만 있었다. 그러니 시 쓸 생각은 언감생심 아예 할 수 없었다.

나도 내 나이대 기본의 학력은 되고 글도 나름 짓는다 생각하지만 그런 내가 요즈음의 시를 이해하지 못한다면 시란 잘난 그들만의 소통 도구거나 유희 거리로 훌륭히 자리매김한 셈이다. 솔직히 말해 어떤 재미도 감흥도 없다. 그러니 시를 읽는 독자는 점점 더 제한되고 고립될 수밖에 없으리라 싶다.

어느 분이 퇴직하고 취미 삼아 작법 공부를 한다 해서 아 좋은 일이라 추어드렸다. 그 뒤 시를 썼다며 주시길래 감탄부터 하고 읽어봤더니 정말 미안하지만 초등학생 습작만도 못한 느낌이었다. 차마 솔직한 말은 못했다. 몇 년 지나 등단하고 시집을 냈다며 돌리셔서 받고는 어디 처분하느라 많은 고심을 했다.

이렇게 나는 시를 모른다. 젬병이다. 게다가 요즘의 시라는 것을 읽어보고 싶은 마음이 조금도 없다. 그러나 이성근의 시는 엊그제 썼다 해도 받아 읽는다. 잔잔한 감동이 밀려와 내 가슴을 울컥하게 만든다. 그가 무슨 말을 하려는가 그냥 알 수 있다. 그러면 이성근 시가 시 같잖은 졸작이어서 딱 내 수준에 맞는 셈인가 모르겠다.
　돌이켜보니 이성근과의 인연도 오래되었다. 생긴 건 영판 산적 떨거지인데 속은 한없이 따시고 여리다. 멍게라 비유할까 했는데 멍게는 속이 따숩지 않아서 베렀다. 심성이 그러니 어쩌지 못하고 성결대로 마냥 어리석게 산다. 그러니까 그가 쓴 시가 좋을 수밖에 없다. 부산에서 굴러먹은 지 오래지만 영락없는 촌놈이다 보니 촌말로 시를 쓰는데 그게 또 맛이다. 이렇듯 내게 있어서 좋은 시는 쉬운 말로 쓴 담박한 글이다. 이성근 시가 애나 그렇다.

바람이 되는 이유

1판 1쇄 · 2019년 10월 26일

지은이 · 이성근
펴낸이 · 서정원
펴낸곳 · 도서출판 전망
주 소 · 부산광역시 중구 해관로 55(중앙동3가) 우편번호 · 48931
전 화 · 051-466-2006
팩 스 · 051-441-4445
출판 등록 제1992-000005호
ⓒ 이성근 KOREA
값 12,000원

ISBN 978-89-7973-515-4
w441@chol.com

* 저자와의 협의에 의해 인지를 생략합니다.

이 도서의 국립중앙도서관 출판예정도서목록(CIP)은 서지정
보유통지원시스템 홈페이지(http://seoji.nl.go.kr)와 국가
자료종합목록 구축시스템(http://kolis-net.nl.go.kr)에서
이용하실 수 있습니다. (CIP제어번호 : CIP2019041336)